新　潮　文　庫

井上ひさしと141人の仲間たちの作文教室

井上ひさしほか著
文学の蔵編

新　潮　社　版

6792

井上ひさしと141人の仲間たちの作文教室

目次

一時間目

自分を研究して自分がいちばん大事に思っていること、辛《つら》いと思っていること、嬉《うれ》しいと思っていることを書く。 32

この「自己本位」が、実は作文の基本なんです。 36

「読み手」のことを考えることが、実は「だれにもわかるように書く」ことなんですね。 38

「段落」とは簡単に言いますと「ひとまとまり」ですね。あるひとつの考え方の「ひとまとまり」と考えてください。 40

書いたから終わったわけではない。読み手の胸に届いたときに、自分の書いた文章は目的を達成し、そこで文章は終わるわけです。 41

字引は自分のそばに置いておく。辞書なしに「俺は文章を書くぞ」というのは車がないのに「運転するぞ」とほとんど同じこ

一問一答

二時間目

わたしたち、日本語のことを、実は知らないんですよね。81

日本語は、地域差が非常に大きい言葉だということです。82

日本語には階級差もあります。それから、職業差は凄《すご》いです。84

日本語は言葉にすでに性別があるので、「――と彼が言った」とか、「――と彼女が言った」と書く必要がありません。85

若い人たちが、自分たちにだけ通じる信号を使って、大人はわからないだろう、びっくりしたろう、というのは当然のことなんです。88

司馬遼太郎さんは「思う」を漢字で書きません。89

ばかに簡単な音韻組織の言葉なんですね。　90

日本語の音素の特徴は、数が少ないだけでなく、唇を使うものが非常に少ないんです。　93

日本語は、アクセントが実に単純だということです。　96

日本人が考えた星の名前で意外なのは、あの昴《すばる》ですね。　100

木も葉っぱも長い草も、語彙《ごい》の数は日本がいちばんだと思います。　102

人間の体の部位の違いにも、意外に日本語は大ざっぱなんです。　105

血族関係を表す語彙は少ないほうですね。　106

文の多くは、動詞、形容詞の終止形で終わるので、文の切れ目がすごくはっきりしている。ところが単語の切れ目ははっきりしない。 110

わたしたちの祖先は、三人称を必要としていなかったのですね。 112

日本人には「私意識」はあっても「公意識」がない、というところにつながってくる。 114

日本語は擬声語、擬態語が豊富です。宮沢賢治はその名人です。 116

文章が複雑になって長くなるときは、必ず、先触れの副詞を使って、うまく使うと、とても効果的です。 120

「を」は、材料というより出来あがったものを必ず指す決まりになっているんですね。 122

一問一答

三時間目

「誠実さ」「明晰《めいせき》さ」「わかりやすさ」——これが文章では大事なことです。

144

予想もつかなかった展開とは、もともと自分の中にあったことです。長期記憶の中からは、とんでもないものがヒュッと出てくる。

146

考えて、考え抜いて、もうこれならどこからでも書ける、というところまでちゃんとやったうえで、いったんそれを脇《わき》に置いて……。

147

本来、日本人も日本語も、戦争をするようにはできていないんですね。

148

読み手にとって、どうやったらわかりやすくなるか考える。ここで改行したほうがいい、そう思う心が段落をつくる心です。

151

わたしたちは民族としての長期記憶が少ないんです。貧しいんです。　152

優れた書き手というのは、自分と読者の関係のなかで段落をつくっていく。　156

「黒い目のきれいな女の子」　158

あまり主語を立てると、日本文の場合、ごつごつした感じになります。　161

一問一答

プロでも書けないことを、小学生、中学生たちに要求している国語教育が根本的にまちがいなのです。　163

日本の国語教育は、まず、ものを良く見る。その見たことを、そのまま書くという仕事——これをしっかり教えないといけない。　167

四時間目

はじめの講評

質問への答え

一時間目

作文教室第一日目は、午後一時半からの入学式につづいて、一時間目九十分の授業。放課後五時からは「囲む会」の日程。

「文学の蔵」の会員たちが午前中から会場準備をしていると、昼前にご高齢の婦人が現れた。三陸海岸のほうから一番列車で来られたという。「自分史を書きたくて！」とおっしゃり、教室一番乗り。

やがてぞくぞくと仲間たちが、岩手県内、東北各地だけでなく、東京や横浜などからもやってきた。井上教室も四回目なので、顔なじみも多い。栞《しおり》とネームプレートと原稿用紙二枚をもらって、それぞれ席につく。飛び入りの入学生も多く、受付は大忙し。

井上ひさしさんが「どうも、どうも」と教室入り。みんなニコニコ。定刻、入学式。後援の一関市から市長代理の収入役が来られて祝辞。主催者側の井上さんへの謝辞は恐縮の塊。終わってさっそく一時間目が始まった。

作文の秘訣《ひけつ》を一言でいえば、自分にしか書けないことを、だれにでもわかる文章で書くということだけなんですね。

わたしは昭和二十四年の四月三十日に山形のほうから引っ越して来て、その年の九月の二十七日まで、こちら（一関市）にご厄介になりました。一関中学校の三年生として、一学期と二学期のちょっとを、みなさんと一緒に勉強したわけです。つまり、この一関にだいたい百五十日間、お世話になったわけで、わたしとしてはその分、百五十日分のお返しをしなければならないと考えています。

ですが、まだ（過去に開いた講座などを通算しても）十五日、十分の一しか恩返しをしていません。ですから、「もう来なくていい」と言われるまで、恩返しを続けなければならないと思っています。ふつつかですが、この「文学の蔵」の特別会員の一人として、「蔵」が建つように頑張りたいと考えています。

一関は平泉をはじめ、有名な観光の名所、旧跡がたくさんありますが、同時にまた、このまちは昔からたいへん文化が高く、いろんな作家が訪ねて来ています。それも通り過ぎるだけでなく、作家として欠かすことのできない貴重な人生上の体験を、この一関でなさっている。そうした一関ゆかりの文学者たち――ごくごく最近で言いますと、一関を終《つい》の住処《すみか》として、残念ながら急にお亡《な》くなりになった色川武大《たけひろ》さんですね*――その色川さんが一関に持ってこられたビデオや映画のコレクションなど、たいへん貴重なものがありますから、そういうものを全部収めた文学館を、なんとかしてつくりたいというのが「文学の蔵」設立委員会なのです。

これは実は一挙にできるものなんです。つまり、市税を払っているみなさんが、税金を「文学の蔵」のほうに使ってほしいとおっしゃって下されば、もうすぐ建つんですね。しかし、市民のみなさんが、ぼんやりしていると、結局は違うものが建ってしまう。みなさんが「俺たちの税金、少し、そっちに回して下さいよ」と言えば、いいわけです。

それも、一関ならではの、古く美しい建物を活《い》かした文学館をつくろうということですから、これがキチッと出来たら、観光名所になるのは確実です。建物や食べ物とは別に、一関の文化、一関の風土が育《はぐく》んだ文学者たちの、いわば本質が納まっている「文学の蔵」を、みなさんの力で建てていただきたいと考えています。そのために、わたしとしても非力ながら、できることはなんでも致します――というのが、前おきのひとつです。

この講座のスタートは、「文章講座」でした。しかし、なぜ今回、（前回までの）「文章講座」ではなくて、「作文教室」に〝格下げ〟したか、ということです。

＊色川武大（一九二九―一九八九）東京生まれ。戦後、博打《ばくち》で食いつなぎながら阿佐田哲也《あさだてつや》のペンネームで娯楽小説を執筆。なかでも、小説『麻雀《マージャン》放浪記』は、有名。一九七八年、『離婚』で直木賞。亡くなる年の二月、岩手県一関市桜街に転居。四月に執筆中に倒れ、死去。享年六十歳。『〝色川武大阿佐田哲也全集』（福武《ふくたけ》書店）第十六巻の月報に井上ひさしさんの思い出の記「フウ」がある。

　今回は、ずーっと初歩に戻ります。「文章」ではなくて、「作文」という、二歩も三歩も戻ったところへ……。

なぜこれまでの「文章講座」が今回、「作文教室」に〝格下げ〟になったかと言いますと、何回も文章講座を続けているうち、なんとなくお互い、わかっていることには触れず、その先に進んでしまうんですね。そうすると、わたしのほうがやや独走をはじめて、自分の興味だけで、みなさんにとって必要ないことまで、お話しするようになってしまった。そういう自己批判があります。

ですから、今回は、ずーっと初歩に戻ります。「文章」ではなくて、「作文」という、二歩も三歩も戻ったところへ……。

そうですね、相撲でいえば、これまで前頭の筆頭ぐらいになっていたのを、いきなり十両まで落っことして、もう一度鍛え直そうというわけです。ここがチャンとしていませんと、なかなか上へは行けませんからね。

でもガッカリしないでください。たしかに「文章講座」を受講したというとカッコよくて、「作文教室」というと、どうも体裁が悪いと、みなさんの中には、こっそり家を抜け出て会場に来られた方もいるかもしれませんが(笑い)……。

まあ、とにかく基礎から出発しなおして、もう一度、基本の規則、文章のルールを一緒に勉強しようということです。

そこで今日は、原稿用紙の扱いを中心に、いろんな必要なことを申し上げますが、その次に「日本語はいったいどういう言葉なのか」ということを駆け足でみます。

そして最後の締めくくりは、これこそ本当の「作文教育」「作文教室」ですね。そこで「作文するには、こう考えた方がいい」ということを徹底的に考えてみましょう。

「必ず文章が間違った方向へ行く言葉」を、実はみなさん、たくさんお使いになっている。

詳しくはあとで言いますが、みなさんの書いてくださったものを見ていると、「必ず文章が間違った方向へ行く言葉」を、実はみなさん、たくさんお使いになっている。「ので」とか「から」とか「――なので」「――だから」と書いたとたんに、文章が難しくなってしまうのです。「理由」を、次に言わなければならないからです。「――ので」と書いて、あとは知らんぷり、というわけにはいかない。それで「どうなのだ」という方向に、どんどん流れていって、ひとりで文章を難しくしている。

そういう傾向があるということに、一関と仙台の「文章講座」を並行してやっているうちに、みなさんのお書きになったものを見て、気がつきました。

文章をキチッと、スリムに簡潔にわかりやすく書くために、絶対に使ってはならない言葉があるんですね。

「——が、」なんていうのも、そうです。接続助詞の「が、」。「わたしはご飯を食べたのでありますが、——」と、なんでも「が、」で続けてしまう、あのやり方です。

うっかり、ひとつ使ってしまったばかりに、あとをどう続けるか、延々と苦しむ言葉がたくさんあるんです。

そういうものを中心に、なるべくそういう言葉を使わないで、こう考えたほうがいいですよということを、実例を挙げて、みなさんにお話しするつもりです。

今回は、自分が今いちばん悩んでいること
を書いてください。

それから、みなさんに宿題として書いていただく作文は、わたしが全部読ませていただき、感想を書いて、判子を捺《お》して、ある方法でお返ししたいと思います。

作文をお返しする「ある方法」。それは今のところ、言わないほうがいいと思います。

さて、みなさんに書いていただく作文の出題です。いま、題を申し上げてしまうと、これからお話しすることが上の空になってしまう恐れがあるので、本当は言いたくないんですが（笑い）……。

前にやった一関の「文章講座」の最初の出題はたしか『母』でしたね。「お母さん」ということだったんです。なかなか感動的な作品がたくさん集まりました。

しかし、なかには「わたしはどうしても母のことは書けない」という方もいらっしゃいました。でも、書けないから、おもしろいんですよね。その方に、お書きになったらどうですか、というふうにお願いした記憶もあります。

けれど、こんどもまた『母』というわけにはいかない。

今回は、「自分が今いちばん悩んでいること」を書いてください。自分が今いちばん困っていること。

亭主を今朝、こっそり殺してしまった、どう処理したらいいだろう、とか。（笑い）みなさん、困っていること、ありますよね。いろんなことがあって、ちょっとお金がないとか……。

これは、かなり恥をかかねばならないことなので書きづらいでしょうけど、でも、自分が悩みごとやさまざまなことで追いつめられたとき、言葉がいちばん、役に立つのです。

言葉で切り抜けていくしかないのです。

よく、あの人、頭がいいから文章を書く、という言い方を耳にしますが、そんなことは全然ありません。文章を書く、ということは、考えていく、ということなんですね。「こまった、こまった」という所から、考えながら書きながら、抜け出ていく。*

*井上ひさし著『自家製　文章読本』（新潮文庫）に、こうある。

「なんのために、なにを、どのように、書こうとしているのか。それを必死に考えることがとりあえず文章の燃料になる（中略）

なんのために（目的、動機、用途）

なにを（文章の中心思想）

どのように（語り口、文章型式《フォーム》、文体）

の三点……」（２２０頁《ページ》）

題名をつけるということで三分の一以上は書いた、ということになります。

悩みを書くとは、かなり血の出ることなんです。わたしと同年代のお母さま方、おばあさま方なら、嫁との関係がどうとか、お姑《しゅうとめ》さんがどうとか、だいたい想像がつきますが、とにかく自分がいま、なんとか解決したいと思っていることを書いてください。題は出しません。題は、自分で考えてつけてください。題名をつけるということで三分の一以上は書いた、ということになりますから。

それだけ題名というのは大事なんです。

ですから、みなさん、自分で好きな題をつけてください。いい題名とは、たいへん情報量が豊かなものなんですね。

読み手が、それを見て「あっ、これ、読んでみようかな」と思うような題名を、うんと考えてつけてください。つまり、題名とは最初の勝負どころなんですね。

分量は四百字。まず、原稿用紙の一番右端の一行を使って、題名をきちっと書いてください。二行目に、ご自分のお名前を書いて下さい。そうすると、もう二行使ってしまったわけですから、作文は二枚目の原稿用紙の二行目まで。

この行数も守って下さい。これは大事なことなんですね。

ちょっと言いたいことがあるので三枚、書いちゃいましたという方もたまにいらっしゃいますが、これはルール違反です。自分の書きたいこと、考えを、四百字できっちり書くということ。これも大事な勉強なんです。ですから、決して増やさないでください。そして、できたら短くもしないでください。あまり少ないのもルール違反です。でも少ないからこそおもしろい、というのであれば、その場合は認めます。

それから、作戦でこんなこと考えている人もいるだろうと思います。

今回の出題は困っていること、悩んでいること、自分で解決しなきゃいけないことですが、「金がほしい」「恋人がほしい」とか、自分がほしいものを並べて行数をかせごうという人が、みなさんのなかにも絶対、二人か三人ぐらいはいるはずです。（笑い）

いちばん大事なことは、自分にしか書けないことを、だれにでもわかる文章で書くということ。

いちばん大事なことは、自分にしか書けないことを書くことです。自分にしか書けないことをだれにでもわかる文章で書く。これが出来たら、プロの中のプロ。ほとんどノーベル賞に近いですよ、これは。（笑い）

不幸にして日本の作家、学者の人たちのなかに——とくに学者は相当多く、作家はさすがに少ないんですが——だれにでも書けることを、だれにもわからない文章で書いている人がいるんですね。

その文章、難しくて、訳がわからなくて、やっと読み解くと、実にくだらない、平凡な、「そんなこと俺だって考えているよ」といった中身。難しい、訳のわからない文章でごまかして書いているのが、なかなか多いんですね。みなさんも、そういう文章を読んで、時間を損したと思ったことがおありのことでしょう。

文章とは何か。これは、簡単です。作文の秘訣《ひけつ》を一言でいえば、自分にしか書けないことを、だれにでもわかる文章で書くということだけなんですね。

いい文章とは何か、さんざん考えましたら、結局は自分にしか書けないことを、どんな人でも読めるように書く。これに尽きるんですね。

だからこそ、書いたものが面白いというのは、その人にしか起こっていない、その人しか考えないこと、その人しか思いつかないことが、とても読みやすい文章で書いてある。だから、それがみんなの心を動かすわけです。

単純に単純に、相手にわかりやすいように書く。これが出来ればいい。もう、これでわたしの「作文教室」を終えてもいいんです。（笑い）

自分を研究して自分がいちばん大事に思っていること、辛《つら》いと思っていること、嬉《うれ》しいと思っていることを書く。

つまり、自分にしか書けないことを書くというのは、自分に集中するということです。身を縮めて自分を見つめ、自分を研究して自分がいちばん大事に思っていること、辛いと思っていること、嬉しいと思っていることを書く。

地球上には五十億近い人間がいまも一緒に生きているわけです。それぞれ、住む場所、家族構成など、さまざまな条件があって考えることも少しずつ違うのですけれど、大きなところはみな同じですよね。逆に言えば、みんなどこへ行っても人間でしたら、同じなんですが、みんなひとりひとり少しずつ違う。その違うところを、わかりやすい、いい文章で書けば、それを読んだ人が、みんな感激したり面白がったり、「うーん」と唸《うな》ったりしてくれるわけです。それだけのことなんですね。

そうすると、文章を書く場合に自分を研究するということが一番、大事になります。夏目漱石《そうせき》に『私の個人主義*』という有名な講演があります。

漱石は、英文学研究ではわが国最初の文部省官費留学生として、英国に出かけて行きますが、ロンドンでノイローゼになってしまいます。文部省には何を研究しているか報告書を書かなければならないのですが、それさえ書けずに白紙で送って「夏目、狂えり」と噂《うわさ》が飛んだほどでした。精神的に、ほんとうにたいへんなところに追い込まれていた時期があるんです。

わたしたちが独りで――団体旅行だと、気がつきませんが――とくにヨーロッパに行きますと、漱石が体験したと同じことを体験します。たとえば、なんか風采《ふうさい》の上がらない醜い人間が向こうからやって来るなと思ったら、何かに映った自分だったりする。それはヨーロッパ人を基準にすると、たしかにわたしたち日本人、黄色人種は、鼻も高くありませんし、背もそうすらっとしているわけではありませんし、なんとなく風采が上がらない。外見上からも、同じ人類といいながら、アングロサクソンとモンゴロイドの間のあまりの違いに、まずショックを受けるわけです。

それを本格的に、いわばはしりとして体験したのが漱石なんですね。

日本は明治維新後、一生懸命、西洋に追いつき追い越そうと頑張ってきたんですが、国内にいますと、そうたいした違いを感じない。日本人はもともと頭がいいことはたしかですから、懸命に外国の真似《まね》をして、それなりに「近代日本」をつくりはじめるわけです。しかし、漱石はロンドンで自分たちの姿の醜さのうしろに「近代日本」のインチキさを見て嫌になった。

日本の「文明開化」――つまり、西洋のものをどんどん持ってくることがいかにインチキかに気がついて嫌になるわけです。機関車ひとつにしても、イギリスの人たちが何百年も、さんざん考えて悩んで、試行錯誤をして失敗をくりかえして、やっとたどりついたものです。その「機関車」を日本はさっと持ってきてすぐ走らせる。

日本人はそれが出来るまでの苦労とか苦しみを知らない。だから、日本の「近代」とか「文明開化」は危うい、と漱石は悩みはじめるわけです。

つまり、ただ出来あがったものを、出来あがるまでの経過を全然考えずに、すっと持ってくるだけです。そういう日本人の姿は人間として醜い、だめなんじゃないか、「近代日本」はこれでいいんだろうか、と思いはじめるわけです。そう思っているところへ、「自分の姿」が重なったわけです。

漱石は、向こうから猿みたいな奴《やつ》が来た、どこの奴だと思ったら自分だったと書いてますけど、それは別に格好だけでそう考えたわけじゃないんですね。日本の近代化というものが、いかに薄っぺらなものか、ということにショックを受けたわけです。

医学、科学……みんなそうです。外のものをただ日本に持ってきただけのこと。出来あがるまで、さんざん苦労して苦労して苦労して、人が死んだり迫害されたりして、やっと辿《たど》りついたものを、その苦しみを省いておいて、出来たものだけ持ってくるということに、漱石は非常にショックを受けるわけです。本場に行って気がつくわけです。

そして、そのなかで漱石は、「自己本位」ということを発見するわけです。漱石は、この「自己本位」を発見したおかげで、私はなんとか気が狂わず、日本に戻って来ることができたと、講演のなかで言っています。

＊夏目漱石『私の個人主義』　漱石が一九一四年（大正三年）十一月二十五日、学習院輔仁会《ほじんかい》で行った講演。

この「自己本位」が、実は作文の基本なんです。

「自己本位」とは何か。

これは「俺がよければいい」という自己本位ではありません。そうではなくて、自分が基本である、ということです。

自分がいったい、どういう人間なのか、自分のいいところは何だろう、だめなところは何だろう、自分は何を考えていまを生きているのか、将来、どうしたいのか？……

つまり、あくまでも自分を中心に、自分のいいところも悪いところも、過去も現在も未来も全部ひっくるめて自分を徹底的に研究する、ということなんですね。

漱石は「自分」を研究した結果、私は小説を書く、と決めて帰国します。それまではイギリスの本場の英文学者よりも立派な英文学者になろうと思って留学していたわけですが、「自己本位」ということを発見して、そのために自分はものを書くんだとハッキリ決めて日本に戻って来るわけですね。

この「自己本位」が、実は作文の基本なんです。自分のことを一番よく知っているのは自分のはずです。

自分の奥さんや夫、こどもたち――これは血を分け、また人生の伴侶《はんりょ》となった大事な人たちなんですが、自分の妻がほんとうは何を考えているか、これはほんとにわかりません。ですが、自分のことはわかるんです。

今回のテーマは「自分の悩み」です。みなさんには、自分のことを考えて考えて、考え尽くして書いていただきたい。

自分が、その中心にいて生きている世界の中に、もう一度、自分を位置づける。しっかり位置づける。そういうたいへんな大冒険を、これからみなさんにしていただこうというわけです。

どうでしょう、あまり気乗りしませんか？……（笑い）

「読み手」のことを考えることが、実は「だれにもわかるように書く」ことなんですね。

文章というのは、たとえば日記のように、他人に読んでもらわなくてもいい、というものは、これはもう自分にわかる符丁で書いていいわけですね。文章がたとえどうであれ、それが他人にわからないメモ、符丁であったとしても、それはそれで構わないわけですが、作文の場合は読み手がいますので、その「読み手」のことを考えることが、実は「だれにもわかるように書く」ことなんですね。

しかし書く内容は、ほかの人たちが知らない自分についてです。それに徹すると、きっといい作文ができあがるに違いないんです。

ということで、かなりキツイ注文になり、一関への恩返しどころか、一関のかなり知的レベルが高い人たちをいじめる結果になるやも知れません。嫌なら嫌だって、この授業中にはっきり言ってくださいね。そうしたら考えますから。（笑い）

それと、これ、嘘《うそ》書いたら、絶対、つまらない文章になりますからね。ほんとうに困っていること、悩んでいること――ただし、それを書いてしまうと、一家が離散するよ

うなことは、やめてくださいね。（笑い）
　別にわたしは家庭を壊しに来たわけじゃないですから。そんなときは二番目に悩んでいることにしてください。（笑い）
　もうひとつ、今回「文章講座」ではなく「作文教室」にしたのは、何回申し上げても、原稿用紙をちゃんと使わない方がいるからです。原稿用紙の使い方にも長い間かかって出来あがった規則があるんですね。
　だれが、どうして四百字に決めたのか？
　はっきりしませんが、明治の中頃ぐらいに、なんとなく決まってしまった。東京・日本橋に丸善があって、あそこの原稿用紙は紙の質がよく、万年筆で書いてもすぐインクを吸い込んでくれる。吸い取り紙ではないけれど、インクの吸い込みがいい。そういう原稿用紙を、丸善が日本でいちばん最初に売り出しました。二十六字詰め三十行とか、何種類かあったそうですが、なんとなく、みんなが二十字二十行というのを使いはじめて、習慣が一種の規則になっていったらしい。
　こうして原稿用紙は四百字に決まったわけですが、そうしたなかで作家と編集者、印刷所が長い間、一緒に仕事をしていくうえで、いちばんわかりやすい、確実な書き方の規則が出来てきました。それを一応、守ったほうがいいんです。
　いまはワープロがありますから、もちろん、みなさん、一枚四百字を守ってさえくだされば、ワープロで書いていただいて結構です。
ただ、まあ、せめて手で字を書いてみましょうか、今回は。ワープロで打って、それを原稿用紙に写すなりなんなり、なさってください。

「段落」とは簡単に言いますと「ひとまとまり」ですね。あるひとつの考え方の「ひとまとまり」と考えてください。

まず「だれが読んでもわかるための技術的な規則」ですが、「段落」ということが実に大事なことです。「段落」とは簡単に言いますと「ひとまとまり」ですね。あるひとつの考え方の「ひとまとまり」と考えてください。
ここは、ひとまとまりの考え方ですよ、という一区切りで文章は書かなければなりません。ですから新しい段落がはじまるとき、そのことをはっきりさせるため必ず、一字下げて書きはじめるわけです。これは「ひとつの考え方のまとまり」の最初ですよ、という場合、一字下げて書きはじめるわけです。

この「一字下げ」について、単なる習慣の問題だろうとお考えの方もいらっしゃるかも知れませんが、そうじゃないですね。さっきも言いましたように、文章は読み手に届いて、読者に届いて初めて成立するのですね。

書いたから終わったわけではない。読み手の胸に届いたときに、自分の書いた文章は目的を達成し、そこで文章は終わるわけです。

自分だけ書いて、それで文章が出来たというのは嘘です。受け手が受け取ったとき、理解したときに――つまり読み手のなかで「ああ、なるほどね」とか「上手だな」とか、

感想が生まれたとき、やっと文章が終わるわけです。

書いたから終わったわけではない。読み手の胸に届いたときに、自分の書いた文章は目的を達成し、そこで文章は終わるわけです。

そして、ここで「ひとかたまりの考え方」が終わり、新しい考え方に移りますよ、というとき「改行」します。原稿の枡目《ますめ》がもったいないといって、そのまま続ける人もいますが、隙間《すきま》があったほうが有効なんですね。読みやすいですから……。

こうして見てくると、「一字下げる」とか「改行する」ということが、どれだけ大事なことか、だんだんおわかりになって来たのじゃないでしょうか。

それについては、のちほど詳しく申し上げますが、その前にもうひとつ、かんたんな約束事を言います。

句点、読点、括弧《かっこ》とかの記号です。これらは、全部、一字分です。ひと枡、あててやってください。

みなさんのなかには本当に質素で謙虚で倹約家の方がいらっしゃって、もったいないと前の枡目に入れてしまうんですね。こういう記号も立派な文字の仲間ですから、ぜひ一字分あててやって欲しいのです。「！」などの感嘆符にも「？」にも全部ひと枡、あげてください。

それと記号が行の頭に来てはならないのですね。これも、やはり「読みやすさ」のためです。

たとえば、文章をずーっと書いてきて、原稿用紙のいちばん下の二十字目まで来て、その次に「?」をつけなければならないとき、どうするか?

これは迷わず、次の行の頭に持っていかないで、その下のところへ書いてください。欄から下へはみ出すわけです。

「。」でも「、」でも、同じです。たとえば、「——ました」ときて、枡目のいちばん下まで埋まってしまったとき、「。」は最後の枡目の枠の右下に書いてください。つまり「前行の末尾にぶら下げる」わけです。

「どうして?」と聞かれると、百年前まで遡《さかのぼ》らなければならないので、ちょっと困ってしまいますが、とにかく、そうなっているので守ってください。もちろん守らないからといって、すぐ警察が飛んで来るわけではありません。(笑い)

字引は自分のそばに置いておく。辞書なしに「俺は文章を書くぞ」というのは車がないのに「運転するぞ」とほとんど同じこと。


ところで、みなさん、辞書を持って来ていますか？

いやしくも「作文教室」なんです、辞書なしで文章を書くのは、どんな大作家でも無理です。

字引はとにかく自分のそばに置いておく。辞書なしに「俺は文章を書くぞ」というのは車がないのに「運転するぞ」とほとんど同じことですね。「私はたいへんな料理人よ」と言いながら、実は包丁を一本も持っていないのと同じぐらいひどいことです。

近頃の字引っていうのはよく出来ていまして、別に勧めに来たわけじゃないんですが、わたしが気に入っているのは、大野晋《すすむ》さんの字引ですね。大野さんは日本の国文法学者としては、もうぶっちぎりの第一人者とわたしは考えていますが、その大野晋さんが長い間かかってある字引をつくりました（『角川必携国語辞典』）。これをわたしは愛用しています。これ、去年(一九九五年)に出たんですけど。たとえばこういうところが凄《すご》いんですね。みなさん「うとうと」と「うつらうつら」がどう違うかわかります?

感じとしてはわかるでしょう?

「うとうとする」「うつらうつらする」。

聞いている分には、どちらも半分寝たり半分起きたり、半覚半睡の状態だな、ということはわかりますね。

でも文章に書く場合は、使い分けなければいけないんです。

文章を書く効用はここにあるんですね。聞いているときはもちろん、読んでいるときは何となくわかっているのですが、こんどは自分が書く段になると、自分が書くという立場になると、いままで聞いたり、読んだりしているときの注意力では間に合わないものが出て来ます。ひとつひとつの言葉を厳密に調べて使っていかないと、読み手に伝わらない、誤読される、誤解される、意味不明、ということになって来るのです。

ですから「作文教室」に辞書を持たずにいらっしゃるというのは、大胆不敵というか、関ヶ原の合戦に槍《やり》や刀を全部置いて丸腰で駆けつけるようなものです。(笑い)勇気のある豪傑ぞろいのみなさんで感心しましたが、まっ、あてこすりはこのぐらいにしまして、「うとうと」「うつらうつら」の話に戻ります。

辞書にはこう出ています。

どっちも半分眠ったような覚めたような状態である、という定義が書かれていて、「うとうと」のほうは眠りのほうに重点があり、浅くても短くても心地よい、というんですね。つまり「うとうと」というのは半分眠っているんですね。ですから、わたしの講義を聞きながら眠っている方がいると、どっかで何かが聞こえていて、フーッと寝ちゃう。でも、半分、覚めているような気がするけど、なんか気持ちいい。これが「うとうと」なんですね。

「うつらうつら」というのは反対に覚めてるほうに重点があるんです。寝たいんだけど覚めてるんですね。熱が出ているとか心配ごとがあって、なかなか寝つけない――そんなときに「うつらうつら」するんですね。

風邪薬を飲んで早く寝たいのに寝られないのが「うつらうつら」で、気持ちがいい「うとうと」と違って気持ちが悪いですね。

それから、たとえば「文化」と「文明」の違いもちゃんと出ています。「文化」とは売り買いできないもの（輸入、輸出ができない）。「文明」というのは、売り買いできる（輸入、輸出ができる）、という具合に定義されています。

こういうふうに大野さんの辞書は特によく出来ているんですが、どんな辞書でもけっこうです、文章を書くときはいつもそばに置いていただきたいと思います。

これから文章を書こうという人は、どこに出かけるときでも、字引を持って歩き、わからない言葉は徹底的に調べる。

大野さんの字引は、書く立場に立ったとき、どう言葉を使い分けるか、とくに「語感」がよく書かれている字引です。もちろん、岩波国語辞典でも新潮の現代国語辞典でもなんでもいいんですが、ほかの辞書もていねいにあたれば、こういうことをちゃんと書いています。

これから文章を書こうという人は、どこに出かけるにもハンドバッグや鞄《かばん》のなかに字引を入れて持って歩き、とにかくわからない言葉は徹底的に調べる。

たとえば「右」とか「左」とか、わかっていることでも、定義するとなるとなかなか難しい。どんな簡単なことでも、引いてみるといいんですね。「父」なんて言葉を辞書でみてみると、また違った父親像が見えてくるかも知れません。

そのように自分の持っている言葉を研ぎ上げる、正確に使えるようにするために、国語辞書はぜひとも必要です。みなさん、お家《うち》に帰れば自分の辞書、あるでしょう。なければ、お子さんのを取り上げるかして。(笑い)

字引は必ず、相談に乗ってくれます。字引は「いま、ちょっと忙しくて」ということはありませんいつも同じ調子で忠実にきちっと教えてくれますので、字引を相談相手にいい文章を書いていただきたいと思います。

大事なことをもうひとつ言うと、「ひとことで言ったら、どうなる」と考えることです。あらゆることを、そういうふうに考える癖をつけてください。

たとえば「うちの夫、ひとことで言えばナマケモノ」というんじゃだめですよ。もうちょっと、たとえば、いいところはこうで、悪いところはこうで、といった具合に、ひとことで言えばどうなるか、常に考えるようにしてください。

そうして「自分にしか書けないことを、だれが読んでもわかるように書く」。これはわたしもまだ出来ないことです。ですから、これはみなさんとわたしのこれからの努力目標なんですね。

念のためにいいますと、文章には「単語」があります。そうしたひとつひとつの言葉に助詞がついたり、助動詞がついたりして、だんだん「文」になっていくわけですが、その「文」になる前に「文節」という段階があるわけですね。

それから、「文」と「文章」が違うこと、みなさん、ご存じですね。「――――。」つまり、マルまでが「文」です。この「文」が二つ以上、重なっていくと、「文章」になるわけです。


大事な大事な「長期記憶」。字引にもなれば百科辞典にもなる。


さて、文章は「いきなり核心から入る」ことが大事なんです。短期記憶のキャパシティー（容量）に合うように文章を書かないといけませんね。

いま短期記憶といいましたが、私たちの記憶は「長期記憶」と「短期記憶」で成立しています。

「長期記憶*」というのは、われわれ一人ひとりにとって、たいへん貴重な財産なんです。

わたしは、人間にとって「死」というものが、ほんとうに厳しいものであるということとの、その理由のひとつが、この「長期記憶」に関係すると考えています。ひとりの人間が長い時間かけて収穫し、ため込んだ記憶が一気になくなってしまうわけで、非常に不幸な、かけがえのない損失だと思います。

人間社会の不思議はたくさんありますけれども、いちばん不思議なのはこれですよね。たとえば漱石にしろ鷗外《おうがい》にしろ、どんな偉大な作家であれ科学者であれ、その人の死によって、その人が蓄えて来たことが一切、なくなってしまうわけです。

家のことをすべて知っているおじいちゃんが、ぽっと亡《な》くなった場合、そのおじいちゃんの持っていた記憶は、この世から消えてしまうんですね。だれかが聞いて覚えていないかぎり、おじいちゃんが持っていた、八十年なら八十年のその人だけの膨大な記憶の量は失われてしまうのですね。

みなさんご存じのように、脳細胞というのは百億個以上はあるらしい。その百億以上の脳細胞のひとつひとつが、隣の細胞と、だいたい百億くらいのくっつき方を持っている。百億掛ける百億ですから膨大な可能性を持っているわけです。

わたしが初めてこの一関に着いたときのことで、覚えているのは二つあります。ひとつは「石橋ホテル」です。これは山形の米沢《よねざわ》にも、羽前小松という人口六千の、わたしの生まれた町にもなかった、堂々たる三階建ての建物です。

わたしの家は羽前小松で薬屋とか文房具屋をやっていたのですが、その町ではたったひとつの三階建てだったんです。ただし、三階といっても、屋根裏を部屋にした程度の家でしたが、「石橋ホテル」は、そんなものじゃなかった。堂々たる、広い三階建て、屋根裏を入れれば四階建てになるのかも知れませんが、その大きな建物と、そこに印された台風による洪水の水位を見たときびっくりしたんです。

もちろん一関が相当すごい水害に遭ったことは新聞で読んで知っていたのですが、わたしが知っていたジャボジャボといった程度の水の出方とは全然、違う。そんな訳もわからない状態で一関の駅に下りたときの、物凄い強烈な印象が、記憶として、いまも残っているわけです。

そうすると、わたしが一関の駅に下りて目《ま》のあたりにした昭和二十四年の四月の末の光景は、わたしの脳のなかで脳細胞同士が繋《つな》ぎ合って、いまなお確保されているわけです。

そういう風に脳細胞同士がいろんな繋ぎ方をして、それを確保して固定して、記憶の底に沈めて、いつでも使えるようにしておく。これが「長期記憶」です。

大事な大事な「長期記憶」。これは字引にもなれば百科辞典にもなるわけですね。

たとえばお経の文句。わたしは、実はこれがよくわからないんですね。それは、自分のなかに、それについての「長期記憶」という字引、台帳がないからです。「南《な》無妙法《むみょうほう》蓮華経《れんげきょう》」と、そこまではわかるんですが、そのあとになってくると、耳からは言葉がどんどん入ってくるけれど、こちらの台帳の中に、その言葉がないので、「ないっ、次もないっ」と、だんだんわからなくなってくる。

＊「長期記憶」　井上ひさし著『自家製　文章読本』（新潮文庫）にこうある。
「……この記憶の海のことを正しくは長期記憶と称することもひろく知られている。長期記憶には、おびただしい数の過去の体験が、実体験、映像体験、言語体験を問わず、びっしりと詰まっている。それから定理に公理に信念に見解、あるいは何万もの名前と数千の重要基本語彙《ごい》。これらの構成要素が一定の原理によって統合されており、いわば長期記憶はひとつの巨大なシステムである。システムというぐらいだから、長期記憶の中味はそうやたら変更されることはなく、海のように大きく、そして静かに波うっている」（164〜165頁《ページ》）

＊＊生家の屋根裏　井上ひさしさんの生家はよろず屋で、家の半分は薬局だが、学校の近くにあったことから文房具も置いていた。本や雑誌も扱っていた。
「ですから家の屋根裏には、いろんな雑誌が積んでありました。あれはどうしたのかな、売れ残ったのか、返本しそこねたのか、とにかく雑誌が山になってたんです。屋根裏部屋で大人の本をこっそり読むって、わくわくするじ

ゃないですか。僕がもっとも一所懸命読んだのが『令女界』。だいたい子供って、婦人雑誌をひっぱり出して読むもんなんですよね（笑い）。『キング』も読みましたね」『本の運命』（文春文庫14頁）

他人のなかの長期記憶を利用しないと、わたしたちの書いたもの、言ったことが相手に理解されないんですね。

そういうわけで、わたしたちはみんな「長期記憶」という大事な大事なもの、字引にもなれば百科辞典にもなるものを持っているわけです。

たとえば、隣にいるのは誰々さん、誰々さんには子どもが何人いて、という具合に、わたしたちは「長期記憶」というものを脳細胞の繋がり方で保持しているわけですね。

そこへ、文章というのが、話し言葉でも読み言葉でも入ってくる。それをいちいち、長期記憶の基本台帳に照らし合わせながら、たとえば「わたくし」と言えば、「あっ、それは俺も使うし、それは人称代名詞の一人称である」と考える。「俺」といったら、そういうからには俺と親しいやつだ、という具合に、一瞬のうちに自分の長期記憶の基本台帳に照らし合わせながら、わたしたちは精神活動をおこなっているわけです。

そこで、なぜ、わかりやすい文章を書かねばならないか、というと、読む人、それから聞く人、つまり他人のなかの長期記憶を利用しないと、わたしたちの書いたもの、言ったことが相手に理解されないんですね。ここが大事なところなんです。

で、長期記憶というからには「短期記憶*」というのもあるわけですが、この短期記憶というのは、期間にもよりますが、たとえばみなさんのなかには、「今日、井上某が言っていることは大事なようだから、なんとか長期記憶の中に下ろそう」と思っている人と、「今日は何かの都合で間違えて、会場に来ちゃった。もう、ここを出たら忘れよう」という方がいらっしゃっても、もちろん構わないわけです。そういう方は「短期記憶」のところへ、それをとどめておいて、スーッと立ち上がったとたん、フーッと記憶を消してしまえばいい。いまのところは、脳味噌《のうみそ》のなかで組み合わせているけれども、ここから出たとたん、バラしてしまおうとお考えになっていると、人間の脳はその通り、バラしてしまって、また使えるようにするわけですね。

そういうふうに、わたしたちは、いろんな言葉とか、いろんな情報を「短期記憶」のなかにどんどん入れている。

　実はこの「短期」と「長期」の間に「中期記憶」というのがあって、わたしたちは、短期記憶にどんどん入ってきたものを、長期記憶と照らし合わせながら、面白いものは、この「中期記憶」のところへ下ろしている。

　ですから、だれかと一カ月後、ご飯を食べる約束をした場合、これはまず「短期記憶」で受け取るんです。これ大事なことだからと「一カ月後」のところへ下ろしておく。一カ月経《た》って、その人と会えば、会った瞬間に、もう覚えておくことはないんですから、それをバラすわけです。

　つまり、単純化していえば、「長期」「中期」「短期」の記憶をするところが、脳味噌のなかに層をなしてあって、脳細胞がいろんな繋がり方をして、わたしたちの精神を支えているわけです。そのなかで、入って来た言葉なり情報を、長期記憶の基本台帳と照らし合わせながら理解し、いいものは「中期」から「長期」へと下ろしていく。そういう仕事を脳細胞は、いろんな結びつき方をしながら、しきりに続けているわけです。

＊「短期記憶」については、井上ひさし著『自家製　文章読本』（新潮文庫）に、こうある。
「もうひとつ、短期記憶と称するものがある。読んだり聞いたりした文、見

た光景などを一時的に記憶し、保持する部分で、その容量はおどろくほど少い。単語数にして、七、八語というから、浜辺のそばの小さな水たまりといったところだ」（165頁）

短期記憶のキャパシティーに合うように文章を書かないといけません。

で、文章がなぜわかりやすくなければならないかというと、さっきも言いましたように、これは相手の記憶を使わなくちゃならないからです。

ひとつの段落が延々と長くて、何言っているかわからない文章を書きますと、短期記憶の容量は決まっていますから、頭に入らない。短期記憶の容量は情報をだいたい十個以内しか持っていられません。時間にして二十秒ぐらいしか覚えていられない。

みなさん、二十秒前にわたしが言ったこと、「えーっ」とか「あーっ」とか言ったかどうかを含めて、全部しっかり覚えていらっしゃいますか？。

覚えていらっしゃらないはずです。わたしが言った、大事なところは覚えてらしても、「わたし、さっき、えーっと言いましたか、それともあーっと言いましたか」と聞かれて、答えられないはずです。覚えてなくて当然、短期記憶のなかで全部、整理してしまっているわけですね。

そのように短期記憶というのは、すごくはしっこいんですが、容量が小さいんです。ですから、短期記憶のキャパシティー（容量）に合うように文章を書かないといけません。

それをもう徹底的に問い詰めていく。そうすると、長い文章じゃだめなんですね。二回ぐらい読まないと理解できないということになりますから。

自然、文章というのは、ひとつの文のなかに情報をひとつとかふたつ、入れるのが、本当はいちばんいいんですね。相手の短期記憶を通して、大事なことを中期記憶に入れてもらう。

実は「短期」と「中期」の間に「中短期」というのがあるんです。分けていくと切りがないんですが、人間の脳というのはすごくて、その情報の重要度によって沈めたり揚げたりしているわけです。

ですから、相手の記憶力を無視した長い文章は書いてはいけません。

もちろん、文学的な実験か何かで書くのは結構ですが、やりたい人だけがやればいい話で、僕らは絶対、読まないですね。それは結局、その人だけのものであって、自分だけがわかって感心しているという人は、日本でも三百人か四百人ぐらいなものでしょう。わたしたちが大事だと思っている文学作品は、全部うまく出来ているんです。たとえば、漱石は、それを徹底してやった人ですからね。『坊っちゃん』の出だしの「親譲りの無鉄砲で小供の時から損ばかりしている」。ここには情報が四つぐらいあります。「山道を登りながら、かう考へた」*以下の文章にしても、短く情報を区切って、つぎつぎに記憶に入るようにしている。

＊「山道を登りながら、かう考へた」夏目漱石の有名な『草枕《くさまくら》』の書き出し。
山路《やまみち》を登りながら、かう考へた。

智《ち》に働けば角が立つ。情に棹《さお》させば流される。意地を通せば窮屈だ。兎《と》角《かく》に人の世は住みにくい。

優れた文章書きは、なるべく小さく千切ったものを、相手に次々に提供していく。

このように、優れた文章書きは、実は脳生理学なんか何も知らなくても、自分のものを相手に届けるため、ごちゃごちゃ書かずに、なるべく小さく千切ったものを、相手に次々に提供していく。そうやって、ひとつの「まとまり」を相手に届けていく。

この漱石の『草枕』の一節の場合、世の中ってこうじゃないかと書いておいて、違った話に持っていって、そこで改行している。それはちゃんと自然にそうなるんです。

みなさんには自分の抱えている悩みを作文に書いてもらうわけですが、たとえば夫にも自分にも愛人がいて困っている奥さんがいらっしゃったとして（笑い）、それを書こうとお思いになった場合は、たとえば「私には愛人がいる。それを夫は知らない。夫にも愛人がいて、それを私は知っている」。ここまでがひとまとまりの考えでしょうね。

まあ、どんなまとまりでも結構ですが、ひとまとまりがついたところで改行し、次のところへ行く、というのが大事なことなんです。

みなさん、まず下書きを書きますよね。そうすると、だいたい前のほうはいらない。

それと、もうひとつ。わたしは人の話を聞くことが大好きですから、喫茶店に行くと必ず、なんかパーッと喋《しゃべ》っているおばさん方のそばに座って、じーっと聞いてるんですね。（笑い）そうすると、昨日の夜、起きたことを言うために、昨日の朝、起きたことから、ずーっと言っている人がいるんです。こういう人は絶対、文章を書けません。

その一番のいい例は、「国境を越えると、雪国だった」というのがあるじゃないですか。あの川端康成《やすなり》の『雪国』の出だしです。*

川端康成にはみなさん、好き嫌いがおありでしょうが、この出だしは凄《すご》いですよ。あれを「汽車はトンネルに入った」と書き出したらたいへんです。清水トンネルですから、出るまで三十分ぐらいかかるんですよね。（笑い）

つまり、あることが終わったところから、さっとはじめるという見事な書き出しなんです。

みなさん、まず下書きを書きますよね。そうすると、だいたい前のほうはいらないんです。とくに今回は四百字の作文ですから、いきなりズバッと書いていく。「ここはこうなって、こうなってこうなって、こうならないと書けない」と、みなさんお思いでしょうが、「こうなってこうなってこうなって」という所はいらないんですね。

ですから川端康成の偉いところは、トンネルをくぐり抜けた瞬間からはじめたということですね。

わたしの場合、トンネルのこちら側は晴れなのにトンネルのむこう側は雪、ということを強調したいあまり、「トンネルに入る列車の窓に、夕日が射《さ》していた。その夕日がぱっと消えたと思ったらトンネルに入っていた」などと書き出しかねない。

さあ、それからがたいへんですね、なにしろトンネルのなかを三十分も走るわけですから。それから「やっと国境を抜けると、雪が降っていた」では、これは絶対に文学史に残りません。（笑い）

＊川端康成『雪国』の出だし（新潮文庫）
国境の長いトンネルを抜けると雪国であった。夜の底が白くなった。信

号所に汽車が止まった。

…………


「いきなり核心から入る」ことが大事なんです。


つまり「いきなり核心から入る」ことが大事なんです。

ですから、みなさん、何か事件ものをお書きになるんでしたら、事件が終わったところからお書きになってはどうでしょう。「昨日、亭主を殴った。——」というふうに、どうして殴ったかなんていうことは書かずに、いきなり核心に入っていく。「私はどうも亭主を殴る癖がある」と、ポンとはじめる。

『雪国』の最初のところを思い起こしながら、書き出しを考えると、なかなかいいと思いますよ。

それと、ああでもないこうでもないと書いているうちに、書きたいことを書くスペースがなくなっている、ということが意外に多い。

ですから「この前の部分はいらないんじゃないか」「いらないな」と、お考えになったら書きやすいいんじゃないかな、と思います。

自分を指す人称代名詞は、ほとんどの場合、全部、削ったほうがいいんです。

それから、「私」とか「僕」といった自分を指す人称代名詞は、ほとんどの場合、全部、削ったほうがいいんです。日本語は主語を削ると、とてもいい文章になるというのが鉄則ですから。なるべく主語を消していく。

あの人は名文家だという人の文章を調べてみると、共通していることがひとつある。それは「主語が抜けている」ことなんです。主語を意識してか、あるいは無意識に、書き手は主語を書かない。

ですから、いちいち「私は私の夫を殺したいと思っている」と、書かない。「夫を殺

したい」。この方がリズムが出て怖いじゃないですか。（笑い）

わたしたちは書くときに、どうしてもカッコをつけて、文法的にもちゃんとしようと、いろいろ、いらないことに手を出してしまいますから、いったん下書きを書いたら、そういうのを全部消せないかどうかを考える必要があります。

それが、いわゆる「削る」という行為なんですね。削って削って、全部削ってしまうと全部、なくなってしまいますから、いらない部分だけ削ればいいわけですが、それが前置きとか主語、とくに自分を指す人称代名詞なんです。ここをチェックすることが大事なんです。

一問一答

原稿用紙の書き方

問い　題は原稿用紙の右端というお話ですが、以前、読んだ手引き書には「四行目に」と書いてありました。名前は、最後の文字が原稿用紙の一番下の枡目《ますめ》に来るように書くべきでしょうか？　それから、余韻を示す「・・・」は、原稿用紙の一枡に「…」と書いてかまいませんか？

答え　タイトルは、どう書こうが自由なんですね。たとえば、わたしらは「枚数稼ぎ」と称して、四百字の原稿用紙の右半分に大きく、たとえば『吉里吉里人《きりきりじん》』と書く。次に名前を書いて、それで左半分の最初からはじめます。なかには、すごい人がいて、原稿用紙一枚全部、タイトルに使う人もいます。おおらかな人ですね。

とにかく、要はタイトルはこれで、書いた人の名前はこれ、本文はここからはじまりますと、わかればいいんです。

わたしの場合はケチですから、絶対、大きく使わずに一行に、一字下げてタイトルと名前を書きますが、二行を一度につかって、たとえば『金閣寺』と書いてもかまいません。

というより、ちょっと大きな字で二行を使うのが普通でしょうか。

要はバランスの問題です。

今回の作文は全部で四百字ですから。わたしは一字下げてからタイトルを書きますが、二字下げでもけっこうですよ。わたしは三字下げでないと、どうしても原稿が書けない、という人はそれで結構です。

名前は、原稿用紙の一番下の一枡が空くように書くと恰好《かっこう》がいいですね。たとえば、わたしの場合、「井上ひさし」と五文字ですから、下から数えて六番目の枡目から書いていく。それから、漢字三つのお名前の方はちょっと離して書くとか、ここはいろいろ工夫できるところです。

もちろん、名前の最後が原稿用紙の行の一番最後に来ても、それでだれかが死ぬとか、そういうことはありません。(笑い)

ただ、最後の枡目をあましているほうがカッコいいかなあ、といった程度です。

それから「・・・」は、「…」と一枡分です。点を六つ打つときは、二枡に書けばいいんですね。

段落を決めていくのは、論理と持ち味の二本立て。

問い　私の文章は、段落が長いです。段落が長いと落ちつくせいかな？……。

答え　読者が落ちつかないと困りますね。（笑い）文章というのは、読み手がいて初めて、生きるわけですから。

なかには自分で書いて、自分でわかんないという人もいますけれども、たいていは、わかっているつもりでいながら、書いている途中で、これが本当に他人に届くだろうかと不安になるわけです。この読み手に伝わるかどうかというのが一番、大事なことなんですね。

さきほど言いましたように、段落とはひとつの考えのまとまりですから、意外や一行で済むときもありますよね。たとえば、「私は二十年前に、ふとしたことで、ある男を殺した。これが私の悩みである。時効だから、これから書く」という文章。――きょうはわたし、こういうのにこだわっていますが。(笑い)

ここまで書いたところでふっと一息入れますよね。ここでひとつの段落が終わるわけですが、この区切りは、論理的でありながら、けっこう生理的なんです。

それがうまく行っていると、読者は書き手の文章のテンポがいいなとか、わかりやすいなと思う。

論理的な移り変わりをきっちり書くというほかに、書いている人の息づかいが伝わることも大事です。

ただし、息の長いことはけっこうですが、論理を無視して、ただ長いというのでは、非常にわかりにくくなるんです。この辺は論理と同時に書き手の持ち味にかかわることです。

読む人が「あっ、なるほど、なるほど」と、とんとん進んで行けるよう段落をちゃんとつくる作家もいますし、反対に野坂昭如《あきゆき》さん*のように、意識して段落を殺している人もいる。それはそれで、プロの物書きとして、思いがあってのことなんです。

野坂さんには、日本の文章はどこが初めで、どこが終わりか、わからないものだという文章意識があって、いちいち段落をかえて論理で展開していくということを、俺はしないという意思表明でしょうね。

井原西鶴《さいかく》みたいに、ほとんど改行なしで書いていますよね。それも、ひとつの態度なんですね。野坂さんが好きな人は、それが合っているということでしょう。

（質問した女性に向かって）あなたは野坂さんのこと、もしかしたら好きなんじゃないですか。（笑い）

つまり段落を決めていくのは、論理と持ち味の二本立てなんです。ただし、いくら自分がこれが好きだと言っても、読者あってのことですから、やはり、どっちかというと論理的に段落を進めていくべきでしょう。

つまり「こういう、ひとつの考え方のまとまりが終わった。この考え方のまとまりを踏まえて、次はこういうふうに……」といった呼吸で改行して、また一字下げて書いていく。これが読者にうんと合えば、読者はどんどん入って来るんですね。

学者のなかにも、これが出来ていない人が多い。何回か読んでいるうちに「あっ、ここで改行して、こうやればいいんだ」と、読者の方で分析して、勝手に改行しながら読み進めないとわからないというのが、なかにはあります。

段落は重要ですから、明日も少し触れたいと思います。

＊野坂昭如さんの文章の例　小説「火垂《ほた》るの墓」（新潮文庫）の冒頭。

省線三宮駅《さんのみやえき》構内浜側の、化粧タイル剝《は》げ落ちコンクリートむき出しの柱に、背中まるめてもたれかかり、床に尻《しり》をつき、両脚まっすぐ投げ出して、さんざ陽《ひ》に灼《や》かれ、一月近く体を洗わぬのに、清太の痩《や》せこけた頰《ほお》の色は、ただ青白く沈んでいて、夜になれば昂《たか》ぶる心のおごりか、山賊の如《ごと》くかがり火焚《た》き声高にののしる男のシルエットをながめ、朝には何事もなかったように学校へ向かうカーキ色に白い風呂敷《ふろしき》包みは神戸一中（後略）

単純なものを積み重ねていく。

問い　段落のつながりをよくするには、どうしたらよいのでしょう。文章のよくないところを、どうやったら見つけることができるでしょう。

答え　四百字の短い作文ですから、自分が書いたものを声に出して読んでみてください。

小声で。もちろん、屋上のようなところでしたら、大声でもけっこうです。隣近所に向かって。（笑い）声に出して読むと、つながりの悪いところや舌足らずのところがわかる。目で読むだけでなく、耳から聞くと、たいてい問題は解決します。

それから、ひとつの文に、あんまりたくさん乗せないことです。司馬遼太郎《りょうたろう》さんがおっしゃったように、日本語の文章というのは長い貨物列車のようなもので、ひとつの小さな貨車に荷物をひとつ、それが十、二十、三十とつながって、やがて大文章になるものなんです。

日本語には関係代名詞がありませんので、文をちょっと複雑にしてしまいますと、さっき言った「短期記憶」でさばき切れなくなってしまうんですね。「この金を、あなたにあげる」といわれたら、「おっ、ありがたい」ということになりますよね。でも、「この金、あなたにあげ……たら、さぞ喜ぶだろう」となると、お金をくれないわけですね。気をもたせておいて、最後の最後になって「まあよそう」と言うようなもの。（笑い）ですから「あなたにお金はあげない」と、まず短くきちっと言う。そして「お金をあげようと何度も思った。しかし、あげないことにした」と続けていく。

つまり、分けて分けて分けて、単純にして、それをつないでいけばいいんです。それが基本です。

一生懸命、書こうとなさって、ひとつの文章にやたら盛り込んで、なんだか訳わかんなくなってしまうことがよくありますから、もう単純に単純に書く。

主語と述語を考えて、主語は消えないか考えながら、単純なものを積み重ねていく。漱石だってだれだって、文豪はみんなやっていることです。幼稚でもなんでもない。

あなたという、一人の個人に起きた面白いことは、ほかの人にも面白いことのはずだから、それがすーっと文章で伝われば、そこで感動が起きるはずです。

ですから、文章を難しくしよう、難しくしようとなさらないで、とにかく短い文章を積み重ねる。

基本としては、なるべく文章を短く書く。

長い文章を書くことなど、ちょっと勉強すればすぐ出来ることです。最初は短く書くことを覚えて、それから文章を長めにしていけばいい。読者は「短期記憶」をちゃんと使って、すっと理解して、「中期」「長期」の方へ下ろすものは下ろしておいて、次の文へ自然と向かっていきますから、なるべく短く書いてください。

それから、前置きはなしですね。だいたい、みなさん、前置きで失敗なさっているようですから。いきなり、事件の山場、核心に迫ってください。

これを心がけてくだされば、だいたい、いい文章になるんじゃないでしょうか。

――ということで、一時間目はこれで終わります。

二時間目

前夜の「囲む会」は、宿題の作文執筆があるので、二時間でおひらきにしたが、仙台の井上教室や、山形の川西町の仲間たち、一関中学の同級生もふくめて、思い出話や、質問攻めで盛り上がった。

二日目は土曜日。この日からの参加者もあり、会場は一杯。昨夜おそくまでかかって書き上げた宿題作文の出来はどうか。どのくらいの提出があるか。主催者側はそれが気がかり。しかし、仲間たちの顔を見渡すと、自信ありげの人あり、目を通している人あり、浮かぬ顔の人ありといろいろ。提出は二時間目終了後と念押しのアナウンス。もう一つ心配なのは、井上さんの体調。なにしろ超多忙のなかのボランティア、しかも今日は二講座の上に、夜は作文の添削指導で徹夜なさる。申し訳なさと心配がごっちゃになる。そんな主催者側の心配を吹き払ってくださるように、井上さんが元気に現れた。二時間目始業の鐘が鳴った。みんなの机に辞書が目立つ。

一時間半で日本語というものをざっと見るという大冒険、うまくいったら拍手ご喝采《かっさい》です。

昨日、わたしはみなさんに、自分は何で悩んでいるか、苦しんだか、四百字にまとめるようお願いしました。みなさん、お書きになったでしょうか。今晩ひと晩かけて見させていただきます。

昨日の夜、懇親会があって、そこにいらした方にはお話し申し上げたんですが、実はわたし、この一関には、返しても返しきれない恩義というか、忘れられない思い出があるんです。

中学生のころ、一関にご厄介になったことは昨日、お話ししました。その当時、目抜き通りに大きな本屋さんがありました。ある日、僕が覗《のぞ》きに行くと、おばあさんが店番しているだけなんですね。当時は生意気盛りでしたから、冒険というか、いたずらというか、おばあさんの目を盗んで国語の辞書を持ち出そうとしたんです。

そしたら、見つかってしまった。

僕はおばあさんに店の裏手に連れていかれました。そして、こう言われたのです。

「あのね、そういうことばかりされると、わたしたち本屋はね、食べていけなくなるんですよ」

そして僕は、その場で薪割《まきわ》りをさせられたんです。

僕はてっきり薪割りは罰だと思っていました。ところが、それだけではなかったのです。

薪割りが終わると、おばあさんが裏庭に出て来て、その国語辞書を僕にくれたんです。それどころか、「働けば、こうして買えるのよ」と言って、薪割りした労賃から辞書代を引いた残りだというお金までくれた。

おばあさんは僕に、まっとうに生きることの意味を教えてくれたんですね。

そういう思い出がこの一関にはあるんです。僕の「長期記憶」に、今でもしっかり残っているんですね……。

前置きはこのぐらいにして、本論に入っていきましょう。

点ひとつで、意味が全然、変わってくるわけです。

最初に例文をいくつか、挙げたいと思います。意外と知らないうちに、こういう曖昧《あいまい》な文章を書いているという例文なんです。

○黒い目のきれいな女の子

たったこれだけで十八通りくらい意味が違うんですね。実に曖昧な文章なんです。普通は「黒い目をした、きれいな女の子」という意味でしょうが、実はこれ、さまざまに読めて解釈の仕方は十八通りもあるんですね。点をひとつ、どこに打つかで意味が違って来ます。*

次は、こんな例文です。

○甲くんと乙くんは入社以来の友人である

これは意味が大きく言うと二通りあるわけですね。

「甲という人と乙という人は同時に入社して、入社したときからの友人」、という意味がひとつ。

それから、「私は、甲くんと乙くんとは入社以来の友人である」、というような意味にもとれるわけです。

次の例文、

○七と三の二倍はいくらか

にしても、「七と三を足したものを二倍する」のか、「七と、三を二倍したものを足す」のかで、ずいぶん違います。前者は七と三の和、十を二倍するわけですから二十です。ところが後者は、七と、三を二倍した六を足すわけですから、十三になってしまう。

こういうふうに点ひとつで、意味が全然、変わってくるわけです。

同じような例で有名なものに、

○美しい水車小屋の娘

というのがあります。美しいのは水車小屋なのか、娘さんなのかよくわからない。点をひとつ打てば、意味がはっきりしてくるわけです。

美しい、水車小屋の娘

美しい水車小屋の、娘

どうでしょうか？

＊点　読点（テン）と句点（マル）については、『私家版　日本語文法』（新潮文庫）の「句点と読点」以下の章を参照のこと。
「それにしても、こんなにおもしろく、かつすばらしい符号を、どうして中学校や高校でしっかり教えようとしないのだろうか。読点《テン》でわからぬ」（131〜132頁《ページ》）

わたしたち、日本語のことを、実は知らないんですよね。

わたしたち、日本語のことを実は知らないんですよね。日本語を自由に使っているので、みんなそれぞれ日本語の達人だと思っている。だから、日本語をことさら勉強しないわけです。

作文を書くとき、最低どのくらいの確認が必要か、どれぐらい日本語を勉強し直したらいいかと思って、わたしはこれまでいろいろな本を読みながら、メモをとっていきました。そうしたら膨大な量になってしまって……。

今日は全部、説明はできないと思いますが、わたしたちが日常使って表現している日本語——それで喧嘩《けんか》もすれば、恋もする、仕事もする、という日本語というものは、いったいどういうものなのか、それを一度きちっとつかんでおいたほうがいいだろう、それが作文する場合、力になるだろうと思って、ちょっとまとめてみたわけです。

一時間半で日本語というものをざっと見るという大冒険、うまくいったら拍手ご喝采ですが、とにかくやれるところまでやって見ます。

日本語は、地域差が非常に大きい言葉だということです。

日本語は非常に複雑な内容を持っている言葉だとは、わたしたちなんとなく感じていますが、それじゃ外国語と比べてどうだろうか、というところからはじめたいと思います。

日本語の複雑さはまず第一に、こんな狭い国土の割合には地域差が非常に大きい言葉だということです。

ＮＨＫでいつか、青森のお嬢さんと鹿児島の青年に、土地の言葉でテレビを通して話してもらったことがあります。全然、通じないんですよね。青森の弘前《ひろさき》のお嬢さんの言葉を標準語で、間に通訳が入って、鹿児島の青年の言葉と青森の弘前のお嬢さんの言葉を標準語に通訳して、ようやく話が通じた。

この二人、一年後に結婚しちゃいました。（笑い）たぶん二人の間には別の言葉があったのかもしれません。

とにかく土地がこんなに狭いのに、それだけ言葉が違う、方言が違っているというのは、相当特殊なケースだと思います。

ロシアはあれだけ土地が広いのに、たがいに通じ合わない方言はないと言われています。つまり、シベリアの人とウクライナの人が――ウクライナはいま、独立していますけど――話をしても、多少訛《なま》ったりしますが、しかし、ちゃんと通じるんです。あんな広い国でも端と端の方言がちゃんと通じるわけです。

フランス語とイタリア語の間には、鹿児島弁と弘前弁ほどの違いもないそうです。どちらもラテン語が元で、それぞれ方言化したものなんです。ですからフランス語をやりますと、なんとなくイタリア語もわかります。それからイタリア語をしっかり話せる人は、フランス語を聞くことだけはちゃんとできるんですね。
スペイン語とポルトガル語となると、これは東京弁と京都弁の違いしかないそうです。わたしたち、京都の人が言っていることがわかりますし、ちょっと勉強すれば、いい加減な京都弁を使えるようになりますが、スペイン語とポルトガル語の距離は、その程度だといわれています。

日本語には階級差もあります。それから、職業差は凄《すご》いです。

日本語には階級差もあります。このごろはなくなりましたけれども、会社の社長と、ふつうの社員が話すのを聞いていると、階級差があることがはっきりわかりますね。ただ、相手の言っていることがわからないほどではない。
それから、職業差は凄いです。たとえば「和尚」、お寺の坊さんですが、これが天台宗では「クヮショウ」、華厳《けごん》宗では「ワジョウ」、禅宗や浄土宗では「ヲショウ」と言うんです。

また、英語の「コンスタント」を翻訳しますと、日本語では常数、定数、恒数と三つあるんです。数学とか物理学の人たちは常数と読んでますし、工学畑の人たちは定数といいますし、化学界の人々は恒数というように、職業によって同じ「コンスタント」がまったく違います。

日本語は、言葉にすでに性別があるので、「――」と彼が言った」とか、「――」と彼女が言った」と書く必要がありません。

それから、性別というのもあります。尾崎紅葉の『金色夜叉《やしゃ》』に、有名な歌留多《かるた》会の場面があります。宮さんがなびいた、富山《とみやま》という大金持ちの息子が、指にダイヤモンドをはめている。それを見て、一座がどよめくわけですが、ここは、こういう文章です。

「金剛石《ダイアモンド》！」

「うむ、金剛石だ。」

「金剛石??」

「成程金剛石！」

「まあ、金剛石よ。」

「那《あれ》が金剛石？」

「見《み》給《たま》へ、金剛石。」

「あら、まあ金剛石??」

「可感《すばらし》い金剛石。」

「可恐《おそろし》い光るのね、金剛石。」

「三百圓《えん》の金剛石。」


（日本現代文学全集5「尾崎紅葉」）

これはもう、誰が言っている台詞《せりふ》か、男性が言っているのか、女性が言っているのか、すぐにわかりますよね。

カート・ボネガット・ジュニアという、たいへん人気のあるアメリカの作家がいます。その人がオーストラリアのアデレード芸術祭に招待されたとき、わたしもたまたま呼ばれていまして、一緒に食事したことがあるんです。そのときわたしは、明治の作家、尾崎紅葉の、このダイヤモンドの台詞を引用しました。

日本語は、言葉にすでに性別があるので、「――と彼が言った」とか、「――と彼女が言った」と書く必要がありません。台詞を聞いただけで、これは男性が言っている、これは女性だ、とすぐわかるんですよ、と説明すると、ボネガットさんはたいへん羨《うらや》ましがっていました。

英語圏の作家が書いた台詞は、男性も言いますし、女性も言いますから、区別するため、必ずその後に「彼が言った」「彼女が言った」と付けなければなりません。むこうの小説を原書で読んでらっしゃる方ならおわかりになると思いますが、全部そうなんですね。

日本の作家のなかにも、これを真似《まね》て、「――と彼は言った」「――と彼女は言った」「すると、――と彼は言った」「ところが、彼女は――と言った」と書いている人がいます。

これは日本語をよく知らない人だと思います。あるいは、知っていながら、ある効果を出すために、わざとそうしているのかもしれませんが、少なくとも今のところは、やはり男性と女性の言葉遣いというのは違うんですね。だから「――と彼は言った」「――と彼女は言った」と書かなくていいし、書かなくて済ますのが作家の仕事だろうと思います。

若い人たちが、自分たちにだけ通じる信号を使って、大人はわからないだろう、びっくりしたろう、というのは当然のことなんです。

それから、「世代間の違い」というのがあります。東京のJRの電車のホームで、女子高校生たちが「チョベリバ」とか「チョベリグ」とか言っている。なんのことかと後で聞いたら、「超ベリー・バッド」とか「超ベリー・グッド」の意味なんだそうですね。

若い人たちが、こういう凄く珍妙な言葉を発明して使うというのも世の常です。その年頃の若者たちからすれば、大人が世の中を握っているんです。その大人の世の中に、少年少女たちは吸い込まれていく。吸い込まれる前に大人たちのつくった全《すべ》てに反抗したい気分になる。

いちばん手軽で、いちばん痛烈なやり方というのは、言葉を自分たちだけに通じるものにしてしまうことなのです。自分たちにだけ通じる信号を使って、大人はわからないだろう、びっくりしたろう、というのは当然のことなんです。

これは、どんな時代にもあり、今の日本だけの特別なケースではありません。

それにしても、日本語というのは、ざっと見ただけで、地域差、職業差、性差、世代差という具合に、かなり複雑に分化し合い、重なり合っている。かなり複雑な内容を持った言葉だということは、言えると思います。

司馬遼太郎さんは「思う」を漢字で書きません。

表記の仕方でも、中国生まれのことばであれば漢字で書くとか、「持つ」というのは大和ことばだから、開いちゃって平仮名で「もつ」としようとか、厳密さを心がける方がいます。司馬遼太郎さんは「思う」を漢字で書きませんでしょう。

　このことについてわたし、一度、司馬さんにお聞きしたら、「《おもう》というのは、どう考えてみても、大和ことばなんだよ。これを漢字で書くのはおかしい。それで平仮名にひらいているんですよ」というお答えでした。

　ですから、表記の場合も平仮名に片仮名、漢字に最近ではローマ字と、たいへん複雑なんです。

　日本語の特徴として「文体が豊富だ」ということもあります。

　われわれは主に「だ調」（「――だ」）と、「です調」（「――です」）の使い分けをしているわけです。これも、ほかの国にはなかなかないことで、この「だ調」「です調」を考えただけでも、日本語がかなり複雑な言葉だということがおわかりになると思います。


ばかに簡単な音韻組織の言葉なんですね。

次に「発音」にいきますと、これがばかに簡単な音韻組織の言葉なんですね。まず、音節が少ない。この音節ですが、「い・ち・の・せ・き」の一つひとつが音節です。これが非常に少ない。これは金田一春彦《はるひこ》さんが数えたところ、百十一だということです。「あいうえおかきくけこ」に、拗音節《ようおんせつ》や濁音節を全部足しても、これしかない。これぐらい少ない言葉は、世界でもなかなか珍しいです。*

北京《ペキン》官話、つまり中国の共通語はだいたい四百ちょっとの音節から出来ている。英語はもう三千種類以上で、音節のすべてを数え切った人はまだいないそうです。というのは、英語はやたらに音節が多いんです。なかには八万もあるという説があるそうです。八万ということは無数にあることと変わりありませんね。その英語がいま、ほとんど世界語化しているところに、この世界の不幸があるんです。

ひきかえ日本語は、百十一（あるいは百十四、百二十前後）の音節しかない。この百十一から百十四の数の変動は、紅茶の「ティー」という音を日本語として認める認めないの違いによります。昔はこういう音がなかった。だから、昔の人は「ピンクレディー」と発音できなかったんです。

＊日本語の音節の数　『井上ひさしの日本語相談』（朝日文芸文庫75〜76頁《ページ》）には、こうある。

筆者（注・井上）が数えたところでは、
清音（ア、イ、ウ……ラ、リ、ル、レ、ロ、ワまで）が四十四個。

濁音（ガ行、ザ行、ダ行、バ行）が十八個。

半濁音（パ行）が五個。

拗音（きゃ、きゅ、きょ……）が三十五個。

促音（つまる音「っ」）が一個。

撥音《はつおん》（「ん」で書かれるような、はねる音）が一個。

――合計百と四個。これが日本語を成り立たせている音節の数です、オメデトウゴザイマシタ、とよろこんでいいかどうかとなるとはなはだ疑問で、一例をあげるとガ行の鼻濁音の問題があります。たとえばガという音節が語の頭では「硬いガ」になり、語中や語尾では「鼻へ抜くやわらかなガ」になるというのはごぞんじですね。（中略）もしこのガ行鼻濁音とガ行濁音とを別の音韻だとすると、たちまち日本語の音韻数がふえてしまいます。

日本語の音素の特徴は、数が少ないだけでなく、唇を使うものが非常に少ないんです。

次に「音素」をみますと、たとえば「いちのせき」の「ち」という音――これは「ｃｈｉ」でだいたい「ち」の音になるわけですが、ローマ字で「ｉｃｈｉｎｏｓｅｋｉ」と書いたとき、その一個一個が音素です。音節をつくっているもの、それが音素なんです。母音は、あいうえおで五つありますね。ローマ字で書くと、それぞれ一個ずつです。これにカ行になると、子音に母音がついて「かきくけこ」になるわけです。

日本語はこの音素がとにかく少ないんです。母音は五つ、子音は十数個。日本語の音素の特徴は、数が少ないだけでなく、唇を使うものが非常に少ないんです。「ｐ」と「ｗ」というぐらいなもの。このうち「ｗ」は、ほんとうに控えめに発音しますから「ｐ」というときに唇をつけるぐらい。

というわけで日本人は唇をあまり使わない。接吻《せっぷん》のときにとっておくという説もありますが。（笑い）

ヨーロッパ語は「ｐ」は非常に多いですね。日本人もこのごろ「パパ」とか「パイ」

とか言いはじめていますが、本来「p」という音はとても少ない。つまり、唇をなるべく使わないで発音するのが日本語です。

ところが、ヨーロッパ語では「p」どころか「v」「f」と、唇をひんぱんに使います。だから、むこうの人が話をすると、やたらに顔が動くんですね。日本人は逆に動かさないんです。日本人無表情説は、そのへんから出てきたかもしれません。

で、その音素の組み合わせ方ですが、これは五通りあります。「母音が一個」というのが一つ。それから「やぁー」というように、半母音との組み合わせ。いちばん標準的なのは「子音に母音がつく」で、これが日本語の基本。英語だと「ストライク」の「st」のように子音に子音がふたつつながったりしますが、こういうのは日本語にはありません。かならず、子音と母音が一個になって「sa／si／su／se／so」となっていく。

ところが、ヨーロッパ語とか、ほかの言語になると、子音が三つぐらいつながっていく。ですから、聞いた感じが非常に強くて、ある意味では生き生きしているような感じになります。

以上、お話ししたことが日本語の音の特徴です。音節数が少ない。しかも唇を使わない。子音が重ならない。日本語とは、よくいえば静かであり、悪く言えば無表情ということになるわけです。もちろん、日本語で喧嘩《けんか》するときは無表情じゃないよと反論される方もいらっしゃると思いますが、それはまた別問題です。

こういう単純な音韻組織を持った言葉でほかに知られているのはハワイ語です。たとえば「ホノルル」とか「ワイキキ」とか「アロハ」とか。耳で聞いただけでも単純な構成とわかります。

ハワイ語の場合、母音は五つですが、子音はh、k、i、l、m、n、p、wしかない。s、t、rというのは、ハワイ語にはないんですね。ですから、「さしすせそ」も「たちつてと」も「らりるれろ」もないんですね。rはlで代行する。

日本人がハワイが好きなのは、これなんですね。日本人が苦手な巻き舌のrがないんです。lで通じますから、日本人がハワイに親近感を持って当然なんですね。

このハワイ語に「s、t、rがない」というのは、わたしも今回調べてみてびっくりしました。音節数も全部で八十ぐらいしかないらしいんですね。

いずれにせよ、日本語はハワイ語並みにはいかないまでも、音節、つまり音をつくる材料が非常に少ない言葉だ、とは言っていいと思います。

それから日本語では、音節のはじまりに、絶対、子音は並ばないという性質があります。そして、大和ことばは音節の最初に、ら行は来ない。ラッパとか、羅刹《らせつ》のような怖い顔とかは、全部、漢語とかヨーロッパ語から入った言葉ですね。日本語はもともと、言葉の最初にrが来なかったんです。

これは皆さん、ご存じの通り朝鮮語やトルコ語も同じで、ウラル・アルタイ語の特徴です。日本語をウラル・アルタイ語の仲間だとする説は、この特徴から言っているわけです。

日本語は、アクセントが実に単純だということです。

「音調単純」というのも、日本語の特徴です。アクセントが実に単純だということです。高い低いのアクセントしかありません。

メキシコのある地方にマザテコ族という人たちが住んでいます。このマザテコ族というのは、言語学的には非常に有名な人たちです。この人たちのマザテコ語は高い低いのアクセントなんですが、ただ高い低いじゃなくて、高い・やや高い、やや低い・うんと低いという具合にアクセントが四つあるんですね。しかも、すべての音が、途中でアクセントが変わる。高いアクセントではじまったのが、いきなり低くなったりする。それでひとつの言葉ができてしまう。結局、4×4で、ひとつのアーならアーという音に十六通りの意味が出て来るわけですね。

こういうアクセントの言葉を話す人たちが、今でもメキシコに三万人ぐらいいて、その人たちから比べたら、日本語の発音というのは実にやさしい。

それから、外国語では母音が重なるのを非常に避けるんですが、日本語の場合は、たとえばホテルからこの会場へ来る途中、花屋さんがあって「まやま」という屋号でした。それを見て「おもしろいな。こういうの日本語にしかないな」と思ったわけです。全部、母音が「あ」でしょう。

たとえは山田長政っていますよね。やまだながまさ——全部、母音が「あ」ですよ。こういうふうに同じ母音が続くというのは、世界的に珍しいことなんです。

斎藤茂吉に、有名な歌*に、

最上《もがみ》川逆白波《さかしらなみ》のたつまでにふぶくゆふべとなりにけるかも

というのがありますが、これなんかも凄《すご》いですよね。

もがみがわさかしら——という具合に「あああああ」と「あ」が続いていくんですよね。

そのあと、いろんな母音が入ってきますが、「ふぶくゆふべと」と今度は「ううううう」と「う」が続いていく。姿勢を低くして吹雪に耐える思いが、この「う」の連続でよく出ていますね。こういう具合に母音の連打がぴしっと生きて、雄大な万葉調になっていくんです。

ですから、わたしたち芝居を書く場合も、同じ母音が続く台詞《せりふ》をどっかにきちっと書かないと、うねるような感じが出てこない。

ほかの国の言葉だったら、母音を衝突させるのを、みんな避けますから、「まやま」とはならないで、たとえば「まや・み」というふうに、途中から「い」にしちゃうんですが、日本では「まやま」と「あ」を続けて堂々としている。

それから、日本語はリエゾン（連音）が少ないですね。つまり前の音と次の音がぶつかり合って別の音になってしまう、ということが少ない。「おとこごころ」では、「おとこ」と「こころ」がつながって、「こ」が「ご」と濁る連濁**とか、その程度ですから、その意味でも、日本語の音韻組織はたいへん単純です。

単純なので、同じことを言うのに、たくさん音節が必要になってきます。たとえば、英語で「私」は「アイ」、フランス語では「ジュ」ですが、日本語だと「わたくし」という具合に音節が四つ必要になる。研究家によりますと、中国語を日本語に翻訳するとき、どうしても一・五倍に増える。

意外に日本語というのは、たくさん音が必要なんですね。むこうの歌を翻訳するときに、翻訳家は悩みます。たとえば「アイ」であれば、翻訳家は早口で圧縮して「ワタクシ」と訳さなければなりませんから。（笑い）全然、違う歌詞をつくらなければならないこともあるわけです。

つまり、日本語というのはある意味ではまどろっこしく、しかし聞きようによっては呑気《のんき》な、豊かな、ゆっくりした言葉なんです。そういう日本語を、わたしたち、早口でまくしたてるものですから、外国人の耳にはタタタタタタと、機関銃のように聞こえるらしいんです。

この辺は別に、いいとか悪いとかの問題ではなくて、日本語とは大づかみにいって、たいへん複雑だけれど、発音は実にかんたんな言葉なんです。日本語を勉強する外国人はみんな言います。「もう発音だけだったら、こんな楽な言葉はない。しかし、いったん書くとなると、これほど難しい言葉はない」。

それぞれの言葉、どっかが単純だと、どっかが複雑に出来ているんですね。全部足せばどんな言葉も、同じだとわたしは思っています。

＊斎藤茂吉（一八八二―一九五三）の歌集『白い山』の一首。『白家製　文章読本』（新潮文庫）の138〜140頁参照。

＊＊連濁　『井上ひさしの日本語相談』（朝日文芸文庫）の「連語で、なぜ清音が

濁音になるか」（89～92頁）を参照。

日本人が考えた星の名前で意外なのは、あの昴《すばる》ですね。

続いて「語《ご》彙《い》上の特色」に移ります。日本人はいったい、どういう言葉をたくさん持っていて、どういう言葉をあまり持っていないかということです。

なかでも面白いのは、日本語には「星の名が少ない」ということですね。

日本人はおしなべて、星を見ない。もちろん、漁師さんは別ですよ。夜、船を出す海辺の人は星をよく見ますから……。

金星、土星、そして太陽まで、すべて漢語なんですね。みんな中国からもらっているんです。

日本人が考えた星の名前で意外なのは、あの「昴《すばる》」なんですね。

冬の夕方、われわれの頭の上に出て来る星で、みなさんご存じだと思います。牡牛《おうし》座の肩先に一群のピカピカ光る星団がありますが、それを昴と名づけた。ご覧になった人はわかると思いますが、何かそこを中心にして全《すべ》ての星を統《す》べているように見える。そこから、「統《す》べる、統《す》べる」で「昴」になったことは、語源的にしっかりしているんです。わたしも一時、星に凝《こ》ったことがあって、ああなるほどなと思った覚えがあります。この昴ぐらいじゃないでしょうか、日本人が星の名前を自前でつけたのは。

日本語に星の名が少ないということは、日本人とは結局、星をあんまり見てないということなんですね。夜、空を見上げない。だから、この宇宙の果て、何があるんだろう、なんて哲学的なことは全然考えないですね。

ただ、空から降ってくることに関しては凄いですよ。雨などというのは、朝鮮語と匹敵するくらい、五月雨《さみだれ》から秋雨から、いろんなのがある。同じ空から降ってくるのでは、雪ですね。そういうのにはたくさん名前をつけています。空そのものは、あまり日本人の関心を引いていない。でも、そこから降って来るものについては、たいへんな注意を払っている、ということになります。

鉱物も少ないんです。金、銀、鉄、銅なんかは全部、漢語です。しろがね、とか、こがねとか、大和ことばも少しありますけれど、たいていは外国から——とくに中国から借りてきています。

言ってみれば、日本は鉱物国ではなかったわけです。そのかわり、植物は極めて多いです。とくに木ですね。木についての名前の数は世界一だと思います。細かいところまで、名前をつけていく。

木も葉っぱも長い草も、語彙の数は日本がいちばんだと思います。

葉っぱも長い草も、日本がいちばんだと思います。竹、笹《ささ》、篠《しの》、茅《かや》、……屋根を葺《ふ》いたり、壁にしたり、たくさん使うので、これはどうしても名前をつけて、細かく区別する必要があったわけです。

ですから語彙というのは、無味乾燥なようでも、日本人とはどんな生活を送ってきたか、何に関心を持ち、何に無関心であったたか、よくわかるわけです。

穀物ではやはり稲についての語彙が豊富です。イネとコメ。そしてイイ。これはお米を炊《た》いたものですね。種類もウルチとモチとか、ワセとかオクとか、いろいろある。英語で言うと単純です。ひとこと「ライス」、それでおしまい。

たった一言「ライス」で済ませている国から、これだけ稲をたいせつに育て、語彙も豊富な日本がコメを買うなんて不思議な話ですが、そこへ話を進めると時間が足りなくなるので、(笑い) 次に進みます。

日本語は家畜の名が少ない。ということは、日本は家畜をあまり飼わなかったからです。英語では、牛ひとつ見ても、雄雌《おすめす》の違い、それも去勢しているかどうか、子牛かどうか、群れをなしているかどうかで言葉がたくさんあります。日本の場合、家畜とそれほど縁が深くなかったので、ここまで分化していないわけです。羊も同じですね。

そのかわり魚の区別はやかましく言う。これはもう世界一ですね。ボラなんて、大きさによってスバシリ、イナ、ボラ、トドと使い分けなければなりません。ブリなんか、もっと凄い。これはうちのかみさんに聞いてきたんですが、十五センチ以下のものをツバス、モジャコ、ワカシ、ワカナゴといい、これが四十センチ前後になると、イナダとかハマチ、フクラギ、メジロになって、六十センチ前後のものはワラサ、ブリ、……という具合に細かく分かれるんですね。

虫の名も多いんです。とくに鳴く虫。コオロギ、スズムシ、マツムシ、キリギリス、クツワムシ……。細かく観察して、名前をつけている。

「鳴く」ということで言えば、英語ではケモノの鳴き方を非常に細かく区別していますね。ロバはこう鳴く、牡牛はこう鳴く、羊はこう鳴く、ブタはこう鳴く、ネズミはこう鳴くと区別しています。日本語はケモノの鳴き方はさっぱりですが、鳥の鳴き方は凄いですね。サエズルのは小鳥で、ニワトリは（時を）ツゲル、ホトトギスはナノルで、クイナはタタクです。

名前の分化とは、それだけ人間のそばにあって必要だったからなんですね。だから、区別してうるさく言うわけです。

こうして見ると、日本人というのは哲学やってもしようがないんですね。なにしろ、宇宙の果てがどうなっているか、星空を見上げないから考えない。一生考えたってわかりっこないんだから考えない。しかし、その空から自分たちの生活に届いてくるものは、きびしく見て、よく名前をつけていく。鉱物にはあんまり関心を持ちませんが、植物、とくに稲なんかについては「言い分け」る。ケモノについては、わりかし何もないんですが、魚については細かく厳しく区別する。

こういうふうに見て来ますと、昔、この日本列島に住んでいたわたしたちの祖先の生活の仕方がなんとなく浮かび上がってくる。

そして現在、戦後の五十年というものは、そういう生活の仕方をいっきに変えようとする時期なんですね。というより、もうすでに変わってしまったのかも知れません。もう植物の名前を知りませんし、魚の種類にしても、自分のところで漁《と》らないので、いい加減になってきました。そのかわり、葡萄酒《ぶどうしゅ》の知識とか、肉の知識が増えてきたりしています。

人間の体の部位の違いにも、意外に日本語は大ざっぱなんです。

人間の体の部位の違いにも、意外に日本語は大ざっぱなんです。たとえば、わたしたちが、足が痛いという場合の足ですね。英語だとふたつに分けて考える。「窓から首を出す」という表現も同じですね。その場合、頭はどうなっているんでしょう。(笑い)首と頭を一緒にしちゃっているんですが、これを「ネックを出した」と英語に翻訳したらわからないでしょうね。そのときはきちんと翻訳家は言い換えるはずです。

日本語の名前のつけ方には「第一次命名」「第二次命名」というのがあるんです。つまり英語では、のどくびのことをスロート、えりくびのことをネイプというんですが、日本語では「のどくび」「えりくび」というように、「くび」のところにちょっと説明を加えるだけなんですね。

つまり「くび」とつけるのが第一次命名で、その「くび」のどこ、というふうに第二次の名前をつけていく。そういうふうな言葉のつくり方をわれわれはしているわけです。お尻《しり》でも、この腰から横に張り出しているところは「ヒップ」ですし、椅子《いす》に座ったとき、ひっつくところが「ボトム」というふうに、英語ではちゃんと区別するんです。日本人の場合は「尻を下ろした」というと下品ですから「腰を下ろした」といいますが、どこがひっつこうと、あまり気にしていないんですね。

そのかわり色の違いは、複雑というか、細かい。とくに「ブルー」は豊富です。アオ、アイ、ミズイロ、ソライロ、ルリイロ、アサギ、ハナダ、モエギ……。これには、なにか日本人の好みが反映していると思います。

血族関係を表す語彙は少ないほうですね。

血族関係を表す語彙は少ないほうですね。これは調べてみて、意外でした。漢字で書くときに、自分の父、母の兄弟がいて、年上の場合は「伯」という字を書く。自分のお母さんより年下の妹だったら、「叔」という字にして、叔母さんと書く。でも、話し言葉では、区別していないんです。ただ、オジサン、オバサンとだけ。これは中国、あるいは朝鮮では許されないんじゃないでしょうか。その人の前でどういう態度を取るか——自分の両親より年上なのか年下なのか、年上の伯父さん、伯母さんなのか、年下の叔父さん、叔母さんなのか、重要な目安なんですね。ところが日本では、ただのオジサン、オバサンでいいんです。

世の中を混乱させているのか、面白くしているのかよくわからないんですが、わたしには三人、娘がいるんです。離婚して再婚しまして、息子がひとりいるんですね。娘に子どもが生まれてますから、わたしは当然、おじいさんになるわけです。孫は、うちの息子より年が上なんですが、やがて困ると思うんですよね。自分より年下なのにオジサンと呼ばなければならないんですから。まあ、そのころにはどうせ生きていないだろうからいいや、と思っていますが。（笑い）

日本の血族というのは、明治以降、つくられてきたところが非常に多いと思いますね。「イエ」制度、つまり国家を「家」にたとえている。国家という大きな家の首長が天皇で、それと似せて、日本中にたくさんの家があって、そこのお父さんを家長とした。このことは、日本が近代国家になるうえで仕方なかったことでしょうが、意外や意外、これはつくられたものだった。語彙から調べていて、日本人とは血縁関係に意外に冷淡な人間だと気づいたわけです。

しかし、身分の違いについては、やかましいんです。同じ地位にあるものであっても、やかましく言い分ける。ツマ、夫人、家内、妻《さい》、細君、女房、ヨメ、オクサマ、オクガタ、キサキ、妃《ひ》、御令閨《ごれいけい》、令夫人、ダイコク、オカミサン、カカア、ヤマノカミ、ワイフ、マダム、ベターハーフ……。外国語でもなんでも、それにあたるものはどんどん取り入れていく。つまり、同じだれかの奥さん、ということだけでも、こんなに言い方がある。

こうして見ると、日本人は身分については、自分を枠に入れると同時に、人を枠のなかに入れて見るのが好きだな、ということがわかるわけです。

それから、日本語の「物のやりとり」に関する語彙の多さはおどろくべきものがあります。これはみなさん、日頃感じてらっしゃることだと思います。

やる、くれる、あたえる、あげる、もらう、くださる、いただく、さしあげる、たてまつる、みつぐ、めぐむ、ほどこす、さずける、ゆずる、わたす、うける、こうむる、おさめる、おわかちする、おすそわける……。

これを身分関係で全部使い分けている。

たとえば「やってもらってくれませんか」。だれかに何かを依頼するわけですね。「やって・もらって・くれませんか」。実に複雑ですね。こういうことを、われわれ日本人は自然に言えるんです。もののやりとりの表現については、日本人はかなり達人です。

日本の政府のＯＤＡ（政府開発援助）のやり方ときたら、実に下手ですね。だからわたしなんか、これだけ上手に、もののやりとりのことを話している国の政府が、下手な援助の仕方をしてはいけないんじゃないかと、ときどき怒っています。ただ、家で勝手に怒っているだけのことですが……。それにしても、これだけ語彙が豊富だということは、それだけ関心があるわけですね。

いまは贈り物、プレゼントでいっしょくたにしていますが、昔は、もらったものは「到来物」、やったほうは「贈り物」というふうに言い分けていました。少なくとも、わたしが生まれた山形地方では。

「分《ぶん》」という言葉があります。「若造の分際で」とか「分もわきまえずに」「分を知れ」とか「過分のお褒《ほ》めにあずかりまして」とか、よく言いますが、この「分」というのは、社会とか集団のなかでそれぞれに割り当てられた役割とか地位のことです。ですから、自分はこの集団ではこういう地位にあって、こういう役目をしてるんだということをよく知って働くことが「分を知る」。自分が集団のなかで与えられている役割や地位に比べて、ずいぶん、たくさんのお褒めの言葉をいただいたら「過分のお言葉」というふうになるわけで、この「分」という言葉は日本人の頭のなかに、しょっちゅう、こびりついているわけです。

社会とか集団のなかで「出すぎる」ということは「分をわきまえない」ことです。わたしたちは「ここでこれを言ったら、ちょっと出すぎかな」とすぐ考える。「分」というものにとらわれている、というか守っている。

こういうように、言葉のグループを字引で調べるだけで、いろんなことがわかってくるわけです。暇なときは、ぜひ字引にあたられたらいいと思います。

> 文の多くは、動詞、形容詞の終止形で終わるので、文の切れ目がすごくはっきりしている。ところが単語の切れ目ははっきりしない。

つぎに日本語の文法上の特色です。

まず、文の多くは、動詞、形容詞の終止形で終わりますから、センテンス、文の切れ目が、すごくはっきりしている。

ですから、戦前はもちろん、戦後になってもしばらくの間、政府の正式な文章にはマルとか点とかはついていなかった。日本語というのは見ただけで「この文はここで終わり」と自然にわかるスタイルを持っている。句点、読点は基本的にいらないというのが、日本人の長い間の習慣でした。

それから終助詞の、ね、さ、よ、な、なあ、か、ぜ、わ、の、もんか。

会話のとき、文のおしまいのところにつけるやつですから、これがつくと文は終わったのだな、とよくわかる。これは日本語の著しい特徴かも知れません。

ところが、単語の切れ目はまったく、はっきりしないんですね。助詞、助動詞の類《たぐい》は、学会でも「単語だ」「いや、単語（他の言葉）の一部だ」と論争していて、はっきりしない。それほど、単語の切れ目がわからないんですね。

つまり、日本語には文の切れ目はわかるけど、単語の切れ目がわからないという不思議な文法上の特徴があります。

三つ目の特徴は、前置詞がないことですね。これは皆さん、ご存じのことと思います。前置詞の代わりに助詞を使う。

四番目は、名詞です。

日本語の名詞は、格によって語形変化しません。格の違いは下につく「が、の、に、を」のような助詞によって明確に表されます。これは日本語の長所です。

性の区別はありません。数や属する人称による変化もなし。

それから日本語の名詞の積極的特色は、人称名詞のかわりに敬譲の変化が語彙《ごい》的におこなわれることです。

外国語では丁寧さを表すのに人称を変えます。フランス語では二人称複数になれば、丁寧な言い方になりますよね。そういう細工はいっさいしませんが、日本語の名詞は、やはり身分の違いを語彙的におこなうわけですね。自分の父親のことを「オトウサマ」というと、よほどいい家なのか馬鹿《ばか》な家か、どっちかですよね。（笑い）でも相手のほうのお父さんを「あんたのオヤジは――」というときは、よほど親しい間柄であるか何かの場合であって、同じものを自分か相手かで言い分けるわけです。「御社」という言葉がこの頃はやっていますが、自分の会社のときは「弊社」と言い分けるようなことがたくさんあるわけです。

わたしたちの祖先は、三人称を必要としていなかったのですね。

五番目の文法上の特色は、人称代名詞についてです。一人称、二人称を表す語彙は夥《おびただ》しい数なのに、三人称はゼロに等しい。「ワタクシ、ワレ、オレ、ミドモ、オマエ、アンタ……」といった具合に、一人称、二人称はたくさんあります。でも、三人称がないんです。明治維新のころから「彼」「彼女」というのが入って来たのですが、信じられないことに、それ以前は三人称がなかった。*

つまり、わたしたちの祖先は三人称を必要としていなかったのですね。「僕」か「あなた」かだけで、それ以外の人たちは呼びようがない。勘定に入れないんですね。これまで話していた人と別の人に会えば、こんどはそっちが「あなた」になる。それまで「あなた」だった人が抜けてしまう。

*彼と彼女　『井上ひさしの日本語相談』（朝日文芸文庫）の187頁《ページ》には、こうある。

「……文明開化は、意識的に西洋語を模倣する時代でもありました。西洋語の人称代名詞三人称には男女の区別がある、ならばわが国語でもそのように書き分けようということになった。そして、古くから使われていた『彼《かれ》』が持ち出されました。これはもとは男女両用の人称代名詞ですが、ここでは男用として立てられ、女用としては『彼女』が使われることになりました。ただし〈かのじょ〉という読み方はまだ発生しておりません。『彼女』と綴《つづ》って〈あのおんな、かのおんな〉と読んでいました。そして明治二十年前後に〈かのじょ〉と……（読まれるように）なりました」

日本人には「私意識」はあっても「公意識」がない、というところにつながってくる。

これを難しく言いますと、日本人には「私意識」はあっても「公意識」がないというところにつながってくるんですね。「第三者」がいない。

ですから、たとえば家族旅行で乗っていく車は、ベッドありトイレありで、何から何までついている。それはそれで、とてもいいんですが、わたしのふるさとの山形県などではこれがダダダダーッと入ってきて、悩んでいるんですよね。乗っている家族はいいんですが、帰り際《ぎわ》、ごみを山のように捨てていく。

つまり、「私たち、楽しいわね」ということだけで、「第三者は……」という意識はないんですね。だから「一人称」がそこのけそこのけで通ると「三人称」がひどい目に遭う。「一人称」が帰ったあと傷ついた「三人称」が残る。

いらなくなったテレビとかなんかを、車で山に捨てに行くんですね。それも、どういうわけか、山形県とか新潟県、群馬県などが好まれる。産業廃棄物も、そうなんです。産業廃棄物の九割は、地方に捨てているんです。捨てている先は水源地なわけですね。産業廃棄物は毒を持っていますから、それが地下水に流れ、結局は川を下って、それを自分たちが飲むわけです。

この前の選挙で東京の選挙区から立候補した人が「東京都民は税金を取られ過ぎている。全部、地方に行ってしまう。その税金を地方から取り戻すのが、私の仕事です」と言って当選しましたけど、凄《すご》くおかしい論理ですよね。そしたら、自分のところで出た産業廃棄物をあちこちに捨てないで、なぜ東京都内で処理しないのか。「厄介ものを全部、地方へ捨てないで自分で処理したのなら、その言い分、聞いてやる」と、わたしは思わずテレビに向かって叫んでいましたけれど……。

意外に都会の人って、そういう勘違いをしてるんですね。やがて、自分の飲み水のなかに入って帰って来るという因果の恐ろしさを知らずに、ポイッと捨てて自分たちだけが楽しんで帰って行く。

こういう問題は、三人称の人称代名詞が日本語に元々なかったというあたりから考え直さないといけないのかな、という気になってしまいます。

日本語は擬声語、擬態語が豊富です。宮沢
賢治はその名人です。

日本語には関係代名詞がない、という特徴もあります。関係代名詞がないので、語の続き方がわからなくなる。

それから、実際の作文のとき、みなさんにうまく使っていただきたいんですが、ご存じの通り、日本語は擬音語、擬態語が豊富です*。

これは岩手県の方には説明するまでもないことです。宮沢賢治はその名人です。賢治は結局、岩手の風土で育った人で、岩手県の言語生活を代表しているわけですから**。

「回る」ということだけでも、カラカラ回る、ガラガラ回る、キリキリ回る、というふうにたくさんあるわけです。わたしの『吉里吉里人』という小説は、日本人がキリキリ舞いするということで、その名前にしたのですが、あとから、そういえば釜石《かまいし》の北の大《おお》槌《つち》町に、夏場は海水浴で賑《にぎ》わう「吉里吉里海岸」というのがあったのに気づきました。記憶のどこかに刷り込まれていたのですね。釜石にいたことがありますから。***

それから、日本語では、動詞の活用は身分に関することがらで、たいへんな変化をします。たとえば「見る」。尊敬するひとが「見る」場合、「ご覧になる」となる。自分が「見る」ときは「拝見する」となったり、嫌なやつが見てるときは「見やがる」とか、いろんな形で変化をしていくわけです。これは外国語にはないですよね。

＊擬音語、擬態語 『自家製　文章読本』（新潮文庫）の120〜121頁に、こうある。

「擬音語（外界の音を写した言葉）、そして擬態語（音をたてないものを音によって象徴的に表わす言葉）、ひっくるめてオノマトペも、単独で用いられるとどこか脾《ひ》弱《よわ》な日本語動詞のための有力な援軍である。たとえば『歩く』という動詞がある。単独では弱いとみれば、われわれは『連れ歩く』『跳ね歩く』『捜し歩く』『買い歩く』『騒ぎ歩く』『出歩く』『流れ歩く』『渡り歩く』『彷徨《さまよい》歩く』というように、そのときの意味に合わせて『歩く』に助太刀をつかわして強化する。がしかし『歩く』の内容をより具体的にし、できれば聴き手の感覚に直接《じか》に訴えたいと思うときは、いそいそ、うろうろ、おずおず、ぐんぐん、こそこそ、ざくざく、しゃなりしゃなり、しおしお、すごすご、すたすた、すたこら、ずんずん、ずしんずしん、せかせか、ぞろぞろ、たよたよ、だらだら、ちまちま、ちょこちょこ、ずかずか、つかつか、てくてく、どかどか、のっしのっし、どすんどすん、どたどた、どやどや、なよなよ、のこのこ、のそのそ、のろのろ、ぱたぱた、ひょろひょろ、ふらふら、ぶらぶら、へろへろ、まごまご、もそもそ、よちよち、よたよた、よぼよぼ、よろよろ、わらわら……などのなかから、最もぴったり来る擬音・擬態語を選んで、『歩く』を補強するのである。」

＊＊宮沢賢治とオノマトペ　『自家製　文章読本』の115頁に、こうある。

「賢治は日本文学史上、空前のオノマトペの使い手で、一例をあげれば、『なめとこ山の熊《くま》』は二十三枚の作品なのに、擬声・擬態語は六十八個もある」

また、『井上ひさしの日本語相談』では138頁で、賢治の『どんぐりと山猫』の文章を引用し、傍線でオノマトペの箇所を示している。

おもてにでてみると、まはりの山は、みんなたつたいまできたばかりのやうにうるうるもりあがつて、まつ青なそらのしたにならんでゐました。

一郎は……ひとり谷川に沿つたこみちを、かみの方へのぼつて行きました。

すきとほつた風がざあつと吹くと、栗《くり》の木はばらばらと実をおとしました。

＊＊＊井上ひさしさんの釜石時代　自伝的要素の濃い青春小説『花石物語』（文春文庫）を参照。井上ひさしさんは昭和二十八年（一九五三年）、上智大学に入学した年の夏休み、母親のいる釜石市に帰省したきり、その後二年半ほど休学状態を続けた。

『本の運命』（文藝《ぶんげい》春秋）にも、こんなくだりがある。釜石市の図書館から江戸時代の戯作本を借りだし、夢中になって読んだことがあるという。

「この時、アッと目から鱗《うろこ》が落ちました。高校のときディケンスの『デイビィッド・コッパフィールド』に感動して作家を志したのはいいのですが、では何をどう書けばいいいか、よくわからないままでした。ところが、黄表紙というのは方法論の宝庫なんですね。どうやって読者に面白く読ませるか、ありとあらゆる工夫が試みられています……」（112頁）

> 文章が複雑になって長くなるときは、必ず先触れの副詞を使うこと。うまく使うと、とても効果的です。

「先ぶれの副詞」にも、ご注目ください。日本語というのは文のポイントが、そのおしまいに来る。判断個所が文の終わりに来るんですよね。

私は昼御飯を――というところで終わってしまったら、食べたのか食べなかったのかわかりません。「昼御飯」というのは題目なんですが、その話の題目の昼御飯を、その「私」はどうしたのか、それだけ聞いたのではわからない。

そのときに「まだ」とついたら、食べてないということが、すぐにわかってしまいます。「私は昼御飯を、まだ食べました」（笑い）と言ったら、よほど可笑《おか》しい人、ですよね。

わたしたち日本人は「まだ」と聞くと、下に否定が来ると判断できるんです。こういう「まだ」のようなものを「先触れの副詞」と言います。文章が長くて、読み手が、いい加減ここらで判断の手掛かりを出してくれないかなと思いそうなところで、こういう副詞をちょっと出してやる。そうすると、その文章の判断が決まっていくわけです。「さぞ」とか「どうぞ」とか「どうも」も、この「先触れの副詞」です。葬式の時なんか「さぞ、もう……」と言えば、それだけでいいわけです。遺族の方々を本当に慰めるのは「時間」ですから、いろいろ言ってもしようがない。ですから、(声をひそめて)「さぞ……」と。(笑い) あとはもう、全部「どうも」で済ましてしまう。

文章が複雑になって長くなるときは、必ず先触れの副詞を使うこと。うまく使うと、とても効果的です。

「かならずしも」「けっして」「ちっとも」「たいして」というのは、全部、否定で結ばれることは、もう皆さん、ご存じのことでしょう。

それから、数を表す副詞は、日本語の場合、たいへんに複雑です。しかし、他の国の言葉にも、同じような複雑さがあります。

「を」は、材料というより出来あがったものを必ず指す決まりになっているんですね。

　ところで、日本語の一番、日本語らしいところは、助動詞と助詞です。ここに入り込むと、「日本語を一時間半で、ひと通り終えてしまう」ことはできないので、敢《あ》えてインチキせざるを得ません。

　ひとつだけ助詞の「を」の話をしますと、「湯・を・沸かす」という表現があります。なぜ、「水・を・沸かす」ではないのか？

「飯・を・炊《た》く」も同じです。どうして、「米・を・炊く」ではいけないのか？　米を炊いてはじめて飯ができる。最初から、飯を炊くやつがあるか、と落語でありますよね。

「穴・を・掘る」も、穴ができたところに穴を掘っても仕方ないわけですし、「ズボン・を・縫う」も、縫い上がってできたズボンをまた縫ったら、足が通らないじゃないか、というわけですが、この「を」は、材料というより、出来あがったものを必ず指す決まりになっているんですね。だから「水・を・沸かす」ではなく、「湯・を・沸かす」。材料をなんとかするのではなく、その材料で出来あがったものに「を」をつける。

そういう面白いことが、いろいろあります。

みなさん、ご存じのように日本語は「膠着語《こうちゃくご》」*です。

いま、世界に三十万の言語があるといわれています。最大のものは、中国語でしょう。日本語は六番目か七番目ぐらいですね。逆に、三千人ぐらいしか話していない言葉も、インドあたりにはたくさんあります。わたしは実は「ゲタ語」というのに非常に興味を持っています。これはインドのある小さな地方の言葉なんですが、これを話している人が、おじいさんとおばあさんを合わせて、今やたった四人しかいない。そこでインド政府が、ゲタ語を滅ぼさないように、その村へ人を送り込んで、覚えさせている。こういうのも入れて、三十万なんですね。

その三十万種類の言葉は、大きく三つに分かれます。ひとつは、日本語のようにベタベタいろんなものを貼《は》りつけていく膠着語です。二番目は中国語のように、ひとつひとつの文節が孤立して、その組み合わせでいろんな意味が出て来る孤立語。それから、三つ目が、英語やフランス語のように、動詞や形容詞などいろんなものを屈折、つまり活用させている屈折語です。

この屈折語で、わたしがすごく無駄だと思ったことがあります。フランス語を習いはじめたときのことです。たとえば「白い馬」というフランス語があったとして、これを複数形に直すと、冠詞もなにも全部、直さなければなりません。冠詞だけ変えればいいじゃないか、というわけです。とにかく、フランス語はやたら屈折していくんですね。で、十九世紀の欧米の言語学者は、孤立語から膠着語＊になって、それが屈折語に発展していくという、欧米中心主義の学説を立てました。

おかげで戦前、アジアの言葉は遅れている、ということが言われましたが、いまはそんなこと誰も言いません。それぞれ、いろんな事情で、そうなったわけです。

要するに日本語の膠着語としての特徴がどこで出てくるか？

それが、助詞と助動詞なんです。

ですから、日本語を勉強すると、結局は助詞と助動詞に行き着いてしまう。とくに、わたしたちのような物書きは、会話を書かなければなりませんから、助詞、助動詞は最大の関心事です。

＊膠着語　『私家版　日本語文法』（新潮文庫）の24頁《ページ》には、こうある。

「あらためて記すまでもないが、ほとんどの外国人の母語《ぼご》は、語順で文法的関係をあらわす孤立語（たとえば中国語）か、単語そのもののかたちの変化（屈折）によって文法的関係をあらわす屈折語（ヨーロッパの言語に多い）かの、どちらかだ。文法的関係をあらわす役目の単語が決まっていて、それをあちこちにぺたぺた貼《は》って文を作って行く膠着語（ほかにはたとえば朝鮮語がそうだ）は勝手がちがうのかもしれない。」

＊＊欧米中心主義の言語発達論批判　『自家製　文章読本』（新潮文庫）の133〜134頁を参照。

この中で井上ひさしさんは、孤立語と屈折語がそれぞれ膠着語へと発達し、「変化しながら徐々に分析性を獲得して行くのがその本質ではないか、と思うようになってきているのである。」と指摘している。

日本語とはこういう成り立ち、こういう特徴を持っている、ということを踏まえたうえで、一つ一つの言葉を好きになっていく。

以上、一時間半で、文章を書くうえで、これぐらい知っておいたほうがいいだろうという日本語の特徴を、ざっと見てみました。日本語のあらましをみなさんと一緒に、おさらいしたわけです。

かなり大事なところを押さえたつもりです。みなさんも、ご自分で、字引を眺めながら、自分の使う言葉を、意識してつかまえるようにしてください。字引には、文法の説明もついています。

言葉を大事にするということは、言葉だけで「言葉を大事にする」と言うのはだめで、日本語というのはこういう成り立ち、こういう特徴を持っている、ということを踏まえたうえで、一つ一つの言葉を好きになっていくことです。

だいたい、作家というのは、好きな言葉がいくつかあるんです。それは、どの書き手にも、出てくる。そういう大好きな言葉が二つ、三つ、四つ、五つと出てくると、それは文章にも、きっと、いい影響が出てくると思います。

一問一答

力のある、お金のあるところが、金に飽かせて日本語を破壊している。

問い　若者言葉についてお尋ねします。井上先生は若者言葉を大人社会に対する反抗心のあらわれとして考え出すものだとおっしゃられましたが、たとえば「チョベリバ」というのも、ちょっと聞くと外国語のようですが、ちゃんと日本語の原則を踏まえたものなんですね。子音プラス母音という日本語の特徴を破ったような若者言葉、つまり日本語の本質、根幹に反抗するような言葉は、すでにあらわれているんでしょうか。

答え　「チョベリバ」は、完全に日本語の発音です。「チョ・ベ・リ・バ」ですから。完全に日本語の音です。

ある時代の若い世代が日本語に挑みかかっても、そうかんたんに壊れるような日本語じゃない。

最近、怖いのは、たとえば「JR」です。国鉄が民営になったとたん「JR」になって、わたしたちは列車に乗るために、とにかく「びゅう」（[vju:]）の窓口に行かなければならない。そういうのがいちばん怖いんですね。あるいは「岩手は日本のハートランドだ」とか。

若い人の言葉は、他の人にわからないことを前提に隠語として使うわけです。戦前の共産党員は自分たちのことを「わが社」と言った。「わが社も最近は、きびしいものがあります」なんて。これをほかの人が聞いてもわからないですよね。

そういう隠語的なものは、伝わらないことを願いながらつくりますから、あまり日本語に対して影響はない。つまり、世の中一般の中で、自分たちだけ固まろうというわけです。

ところが、ああいう大きな鉄道会社が、みんなの使う言葉を無理やり変えると、わたしたちは使わざるを得なくなる。相談所のようなところが「びゅう」になり、二等車でいいのに「グリーン」にするとか。農協が「JA」になったり。

こういうものはわたしたち、使わざるを得ませんので、これがいちばん困る。一日に一回、使いそうな言葉を、外来語にされちゃうと困るんです。

よく若い人たちの言葉づかいを批判する大人がいると、わたしは「冗談じゃないよ。日本の企業が、どれだけ日本語をぶっ壊しているか知っているの」と言ってやるんです。コマーシャルなんか見ていると、英語の文章を平気で使っていますし、フランス語の文章も出てくる。俺たち、どこの国にいるんだろうという気がするぐらい、力のある、お金のあるところが、金に飽かせて日本語を破壊している。

わたしは一度も「びゅう」に行ったことがないんです。日本人が旅の相談に行くのに、なんで「びゅう」に行かなくちゃいけないんだ、というところがありますから。そうやって抵抗するしか、自分が巻き込まれない方法はないんですね。

しかし、ほかの人が使っている以上、わたしのようなものは、「この人、一生、『びゅう』という言葉を使わなかった人」という天然記念物のような存在にならなくちゃならない。

わたしが怖いのは、力があってお金のある人たちが、どんどん日本語を変えていっていることです。それがわたしたちの生活に、やがて効いてくるだろうということなんです。

若い人が「チョベリバ」なんてカッコつけて言ってますが、結局は日本語でチョベリバと言っているだけですから、たいした影響はありません。彼ら自身も、社会に参加していくときに、卒業していくわけですから、大人がしっかりしていれば大丈夫です。

ただ、大人が商売上、みんなが使わざるを得なくなる不思議な日本語を使いだす。それをわたしたちが使わざるを得ないところに、日本語のいまの危機があると思います。

もしわたしが今、若者でしたら、東京に行っても方言を変えない。

問い　私たち東北人は中央に行きますと方言を恥ずかしがって、隠そうとするきらいがあります。井上先生は山形のお生まれですが、東京に出られて、そうした方言に対する偏見、劣等感をどういうふうに克服してきたか、お聞かせ願いたい。

答え　ある大きな物差しがあって、お前たちの言葉はおかしい、こういうふうにしなさいと言われたとき、時代が時代でしたから、わたしたちは「ああ、なるほど、おかしいのかな」と思って、言葉を変える努力をずっとしてきたんですね。

でも、これは基本的に間違いなんですね。いい悪いは自分たちが決める、実はこれがはじまりなんです。

とにかく、言葉を全国的に統一しよう、同じものにしてしまおうということで標準語が出来あがったのですが、そうせざるを得ない面もたしかにあった。軍隊をつくるにしても何をするにしても、言葉の統一は国民国家の宿命だったわけです。

国家が出来あがるときには、言葉とお金と軍隊をいちばん最初に統一します。ですから言葉と軍隊というのは非常にくっついている。鹿児島の人が号令をかけても弘前の人がちゃんと動くようにしなくちゃならない。そうすると、どうしても言葉を統一しなければならない。

その必要上、標準語といわれているものに合わないところを「いけないっ」って言ってた時代が戦前、それから戦後も多少あった。

わたしの子どもの頃を申し上げますと、教室で方言を使いますと怒られました。学校で「お父さん、お母さんに孝行しましょう」と習って、その一方、自分たちのお父さん、お母さんの使っている言葉はいけない、ということですから心の中で整理がつかなくなる。

お父さん、お母さんを敬うんだったら、お父さん、お母さんの使っている言葉も敬わなければいけないはずなのに、それは使っちゃいけない、ということで、まあ国の政策に無理があったんですね。

いまはＮＨＫも文部省も、いろんなところが、標準語をつくることを諦《あきら》めました。いまは「共通語」と言っています。標準語で統一してしまうことが無理なことがわかったんです。

一関にはあるけれど、東京にないものはたくさんある。東京にあるけれど、一関にないものもまたたくさんある。言葉というのは、基本は対応があるということです。一関の餅《もち》料理は種類がたくさんあるんですが、そのひとつひとつに名前があるんですね。ところが、餅の種類がないところに行くと、名前はその分、なくなってしまうわけです。ですから、その地域で生きている人たちが、生活のなかで、その地域に出来るものに、全部の名前をつけるんですから、日本全国の生活が同じにならない限り、言葉は統一できないんです。

一関には一関の言葉があり、東京には東京の言葉がある。まず、それが第一歩ですね。ただ、それでは仕事をするときに困るので、一応、共通の日本語をつくろうではないか、というのも理解できます。ですから、この両方を二本立てで当分行くということになるでしょう。

わたしは方言の芝居を沢山書いています。『父と暮せば』という昭和二十三年ごろの広島の父子のことを書いた芝居がありますけれど、これはどうしても標準語で書くわけにはいかないわけですね。

やはり、広島弁を調べて、広島言葉の字引をつくって、広島の人たちもびっくりするような、ほんとの広島方言を再現しないと、「昭和二十三年の広島」にならないですよね。そうやって、わたしの芝居はほとんど方言なんです。

『人間合格』という太宰治の芝居も書きました。太宰は弘前弁で喋《しゃべ》りますし、東京出身の人は山の手の言葉を喋り、もう一人の山形の米沢出身は米沢弁を喋る。これが全員、東京大学の経済学部の学生なんですね。この三人組、それぞれ方言を話すわけですが、しかし、あるときには共通語を使う。とくに演劇の場合は、方言を無視して日本人を書くことはできません。

差別語の問題がありますよね。外から言われたから、この言葉を使わないというのは、ほんとにいけないことです。

自分がこう決めたからこうするんだ、というふうにならないと、言葉を扱うとき間違います。あくまで自分の使う言葉には責任を持つ。外から言われた物差しで自分の言葉を使わないという態度をもつことが大事です。

方言も、その方言を使わない人たちが、中央から変えようとする時代ではなくなっています。そういうことが成立しない時代になっている。

かんたんに言いますと言葉を使うのは私であり、地域の人たちであり、そして日本人であり、というように、書くことそれぞれに範囲がありますから、そのなかで、とにかく自分がこうと思ったことを書くしかない。それで、怒られたり恥じたりしながら、進んでいくしかないと思います。

とにかく外から言われたからいけない、というのはいちばんだめなんですね。外から「東北はなんとかだ」と言われたから、俺たちはそうなんだ、というのはいちばんいけないんです。自分の値打ちは自分で、自分たちで決める。

ですから、もしわたしが今、若者でしたら、東京に行っても方言を変えない。

自分が人間となって、人となって生まれ育ったところの言葉がいけないという法は絶対ないんですね。誇りに思って、むしろ俺はズーズー弁だよと堂々と公言する。物を書く場合に共通語を使ったりするけれど、基本としては自分の言葉に誇りを持つ。そう腹を決めて生活する。

そうでなければならなかったのに、やっぱり方言を捨てたな、という自己批判があるわけです。「捨ててしまった私……」というわけですね。(笑い)

いま、「なってよかった今の私」というのが凄《すご》く流行《はや》ってますよね。それがみんなのいちばんの関心事でしょう。いろんな記事を読みますと、みんな「なってよかった今の私」なんですね。

時代がどうのと、いろいろ言い訳も出来ますが、わたしは、それは自分の堕落だと思っています。その反省もあって『吉里吉里人』なんていう方言だらけの小説を書いてしまったわけです。

だれに恥じる必要もありません。他の人たちに「なんだ、お前たちの言葉は」と言われる必要は全然ないんです。

むしろ、次の段階として方言を堂々と使う方向へわたしたちは行くべきです。そして見事に共通語も使う。東京の人たちに向かって「お前たち、できないだろう。俺たちバイリンガルだぜ」という方向で行くべきだとわたしは思います。

三時間目

井上さん直筆のテキスト「誰が讀《よ》んでもわかる文章を書くための日本語の規則」（コピー）をもとにした、二時間目の授業が終わった。大きな拍手。そして、いよいよ作文提出。

教室のうしろの長テーブルの上に備えたダンボール箱に、仲間たちが作文を入れていく。意気揚々と投げ込んでいく人、はずかしそうに裏返しにして出す人、出された原稿の間にはさみこむようにしながら、他人の作文をチラチラ見ていく人など、さまざま。

原稿締め切りの時間が来た。さっそく整理。氏名の書き洩《も》れなし。参加者一四一名中、作文提出者は半数を超える七三名であった。難しいテーマで原稿用紙一枚。よくぞみなさんお書きになったと、提出者への敬意が湧《わ》く。

三十分の休憩のあと、三時間目が始まった。授業への集中は一段と高まり、快い濃密な時間が生まれていく。

意識をなるべく研ぎ澄まして。観念的に、じゃなくて具体的に。理屈ではなくて、具体的に。

物を書くということは、自分が使おうとしている言葉の出生をいちいち訪ねる、ということです。

大変難しいことを言っているようですが、実に簡単なことなんです。

自分が書きつける言葉に、いちいち責任を持って、時間がかかりますけど、きちんと字引で調べる。

意識をなるべく研ぎ澄まして。

観念的に、じゃなくて具体的に。理屈ではなくて具体的に。

言葉というのものは、たとえば「憲法」という言葉ひとつとってもかなり大事なことなんですね。「憲法というのは、この国の……」というふうに、言葉の成り立ちをおさえて、物を書いていくということが大事です。

言葉の出生を訪ね、理解したことを書いていく。

余談になりますが、明治憲法の下では、いちばん大事なところを憲法の外で決めていました。天皇の下に、陸軍参謀本部、海軍軍令部というのがあって、参謀総長と軍令部総長がいて、そこで国の最高指導をするという形を憲法の外につくっちゃったんです。そう決めちゃった。そっくり、憲法の外に出したので困ったことになったわけです。

今の日本国憲法では、なにごとも憲法の中で起きるようになりました。主権在民。わたしたちが主権者ですから、ものすごく改良されましたね。

でも、実は憲法の外に出かかっているものがたくさんある。

例えば、緊急の場合は議会の承認なしに兵隊を出せるというアメリカとの協定です。兵隊を出したあと、ゆっくり議会にかけて、もし駄目だということになれば、呼び戻せばいい、ということが、実はアメリカとの間で決まっているわけです。

原則的に全《すべ》てのことは憲法の中で決めなきゃいけないのに、戦前と同じように大事なことを、憲法の外で決めようとしている。

これは非常に危険なことですね。アメリカがどうの、軍備がどうのという以上に、大事な原則がないがしろにされていることが問題なんです。

「憲法」とは、この国の基本の形、「憲法=この国の基本形」というように、わたしたちがいつも頭の中で意味を確認し、翻訳していないと、ズルズル大事なことが憲法の外でつくられてしまう。

ただ単に、憲法とは法律の中の法律、法律の元だなんてお題目を唱えているうちに、ズルズル、ズルズル憲法の外へ行っちゃう。「憲法」という言葉に具体的なイメージを持っていないので、ズルズル出てしまうんですね。*

＊井上ひさしさんの憲法観　憲法学者の樋口《ひぐち》陽一さんとの連続対談集『「日本国憲法」を読み直す』（講談社文庫）を参照。たとえば、37頁《ページ》、「自分たちが生きて仕事をして、恋をして結婚して、泣いたり笑ったりしているのも、その基本的な構造の上で、つまり、憲法の上で成り立っているはずなのに、われわれ日本人はどうもそう思っていないところがある。」

文章に接着剤を使い過ぎるな。

文章に接着剤を使い過ぎるな、というのも、言葉の出生をしっかり見極めることと同じぐらい大事なことです。

わたしたちは文章を続けようとして、いろんな接続語とか接続詞や接続助詞を、つい使い過ぎるんですね。

接続詞とは、「にもかかわらず」「にくわえて」「とともに」「とどうじに」「につづいて」「のほかに」「ものの」「だけに」「うえに」「するいっぽう」「しつつ」といった文章の接着剤のことです。

「――ので」「――ために」「――から」「――ことにより」といった「理屈を連れてくることば」――これが接続助詞です。

接続詞は使い過ぎてはいけません。とくに「――が、――」には気をつけること。たとえば「きょうは朝から雨だったが、私は元気に生きた」とか、全然つながりがないのに「が」をつけると全部つながっちゃうんですね。

文章を書く上で、これは注意しなければならない点です。「理屈をこねる」のに使われてしまう。みなさんは、接続詞、接続助詞をつかって理屈をこねよう、なんてことはしないでください。

なぜ、接続詞、接続助詞の使い過ぎがいけないのか。

例えば「今日は、朝から雨だが、会社で弁当を食べた。」なんて文章を書く人はいないと思いますが、でも、これ、読んだ人の短期記憶がまごつくんですね。

この文章を書いた人にとっては、雨が降ると役所の都合で弁当がとれないとか、いろいろ事情はあるらしい。その事情の説明抜きでも「が」を使うと簡単に文章ができちゃう。しかし結局は、読み手のほうの短期記憶の容量からはみだしちゃうんですね。ギャグとして使う分にはおもしろいんですが……。問題なのは、接続詞を使うと、何も言っていないのに、すごくいいことを言っているような気になってしまうことです。

「理屈を連れてくる」接続助詞というのは、下手に使うと苦労するだけです。

「何とかなので、こうだ」という「理屈を連れてくる」接続助詞というのは、下手に使うと苦労するだけです。敬遠したほうがいい。あんまり理屈をこねると、にっちもさっちもいかなくなりますので、使ってもいいのですが、使う時は要注意です。使うときは、いちいち字引をひいて下さい。いい字引でしたら、必ず接続詞とか接続助詞の使い方が書いてあります。点検しながら上手に使ってください。

それから、「――という」とか、「――について」「――に関して」ですが、これは、どれだけ使わないですませるかというのが実は勝負どころです。「――という」「――といわれる」。つまりいい加減。はっきり言わないでおいて、これを入れて、責任とらないで済ませようという、心理的な動きが必ず裏にありますから。

どうですか、みなさん、だんだん文章書くのがいやになってきたでしょう?

それが狙《ねら》いなんです。むしろ、いい読者になってほしいと。そして、われわれ作家を支えてほしい。(笑い)

「誠実さ」「明晰《めいせき》さ」「わかりやすさ」――これが文章では大事なことです。

「誠実さ」「明晰さ」「わかりやすさ」――これが文章では大事なことです。鶴見俊輔《つるみしゅんすけ》さんがおっしゃったことで、わたしの長期記憶に入っている言葉なんですが、これをわたしなりに展開すると、「誠実さ」というのは、「人の言葉でなくて自分の言葉で」ということになるでしょう。

「明晰さ」とは何を目安にした明晰さ、かというと、自分のものの考え方の展開とか、自分が今、何をやろうとしているかをしっかり知っている、という意味の明晰さです。今、自分は何を書こうとしているのか、どう書いているのかを、はっきりつかみながら、という明晰さです。

客観的な意味の明晰さ、というのは存在しません。いくら自分が明晰に書いたと思っていても、読み手にとって明晰でなかったら、どうしようもないのですから……。

結局は、書いている自分が元気になるような書き方で書けたらいいな、というのがわたしの希望です。

> 予想もつかなかった展開とは、もともと自分の中にあったことです。長期記憶の中からは、とんでもないものがヒュッと出てくる。

全部わかって書いている――これぐらい、つまらないこともありません。

それなら、書かないで頭の中で考えて、あっ全部できたと、もうそれで終わればいいんです。

ものを書いていて文章が活《い》き活《い》きして自分でもおもしろいな、というのは、周到に計算して書いているうちに、自分にも予想もつかないような展開になる時です。

それが実は文章の本当の値打ちです。

予想もつかなかった展開とは、もともと自分の中にあったことです。普通に考えていては出てこないけれど、長期記憶の中からはとんでもないものがヒュッと出てくるんです。

読み手のほうもわかりきったことを書かれると、だんだん飽きてきます。そこで、わたしたち作家は、わざと混乱させるとか、どこかに話をもっていくとかして、読み手を飽きさせないことを考える。

でも、本当におもしろいのは、書いているうちに筆が自然に外れていくことなんですね。そっちへ行っちゃだめ、というのに外れていく。それがいちばんおもしろいんです。理詰めで考えながら、なおかつ自分でも思いがけない「邪魔者」に出会う。そうなったとき、その文章は必ず自分にもおもしろいし、読む人にもおもしろいものになるんです。読んでいて何か発見があったとか、そういう文章になるはずです。

考えて、考え抜いて、もうこれならどこからでも書ける、というところまでちゃんとやったうえで、いったんそれを脇《わき》に置いて……。

最初は理屈で組み立てなきゃだめです。

考えて、考えて、考え抜いて、もうこれならどこからでも書ける、というところまでちゃんとやったうえで、いったんそれを脇に置いて、スーッと書きはじめる。そういうときに長期記憶の中から、いろんなものが出てくるんです。

それが、われわれ物書きの理想郷なんです。

わかりきったことを考え、わかりきったことを書く。これくらい辛《つら》いことはないんですが、意外なもの、邪魔ものも、ちゃんと準備しておかないと出て来てくれないんです。文章を書くには、言葉に対する異様な注意力が必要です。そのぐらい難しいことであり、しんどいことでもあります。

ですから、みなさん、何度も言うようですが、書くのはあきらめて、いい読み手になってください。（笑い）

> 本来、日本人も日本語も、戦争をするようにはできていないんですね。

話は飛びますが、ノモンハン事件が起きたのは昭和十四年です。ここで日本軍は、ソ連軍に徹底的にやられちゃうんです*。

日本は戦術で甘いところがあった。その時の日本軍の関東軍の参謀は、辻政信《つじまさのぶ》と服部《はっとり》卓四郎という人ですが、これが太平洋戦争の時、またまた大本営の参謀本部で、作戦立案の大事なところを担当しているんです。日本軍とは、そういう組織だったんですね。

ですから日本の軍隊は、ついに炊事者というのを採用しなかった。

一個師団はだいたい一万五千人の構成で、その一個師団を支えるのに千五百人の管理部門とか応援部隊が必要なんですね。炊事者も当然、必要です。

他の国では軍隊に炊事者を置いた。兵隊さんにご飯の心配をかけまいとして、前線に炊事者がついていった。前線のいちばん前に行ってご飯を炊《た》くと、下手すると敵にただで食われてしまいますから、うしろに控えていますが（笑い）……。

戦っている間、兵隊さんたちに食事の心配をかけないため、ご飯は炊事者たちでつくろうというのが、第二次世界大戦中、各国に共通したやり方だった。ところが日本は、最後まで、各自「飯盒炊爨《はんごうすいさん》」をした。

これじゃ戦をしろというほうが無理ですよね。ご飯もつくらなきゃならない、戦わなきゃならない。足りないところは全部、精神力で補え、というんですから。

あの真珠湾攻撃は大戦果だったわけですが、日本は軍艦をやっつける巨艦決戦主義、大きな船が戦いを決めるという思想を日本海海戦から変えていない。

しかし、アメリカは日本の飛行機が飛んできて、巨艦を全部沈められると、これからは飛行機の時代だということで、機動部隊を中心に海軍を組み立てるわけです。

もうひとつは、外国の場合、沖縄なら沖縄で戦闘がある場合、必ずその地区の最高の司令官を置く。その中に陸軍も海軍も空軍も全部入って、その司令官の指揮の下で動くのですが、日本はそれができなかった。

この日本の軍隊は戦争が下手だったというわたしの意見には、もちろん反論があると思います。でも、その反論を全部、打ち砕く自信があります。最近はもっぱら戦術の勉強ばかりしていますから。

だいたい日本人というのは戦に向いていないんです。根回しとかなんとか、物事を平和な方向にもっていって解決しようとする。戦をこれほど苦手にしている民族って、ないんです。

和歌なんか詠《よ》んで、のんびりとなんとなく裏で交渉してやっていくというのが、実はうまいのに、一時の勝利で頭に血が上ってしまった。そうして、苦手な戦争をやったために、ひどい目に遇《あ》いました。

話をもとに戻しますと、本来、日本人も日本語も、戦争をするようにはできていないんですね。

＊ノモンハン事件の評価については、司馬遼太郎さんとの対談『国家・宗教・日本人』（講談社）の「『昭和』は何を誤ったか」を参照。

読み手にとって、どうやったらわかりやすくなるか考える。ここで改行したほうがいい、そう思う心が段落をつくる心です。

「段落」について、ここで少し説明しますと、これは感覚の問題です。この段落のつけ方で、物を書く人の才能が、ある程度計られます。

段落とは内容が繋《つな》がり合ったひとまとまりのことです。さっき、陸軍の炊事者の話をしましたが、これを例えば「日本には八月十五日までついに炊事者の導入はなかった」と書く。これから先が感覚の問題です。

同じ時期にアメリカは一部隊にどれだけ炊事者をもっていたか、調べがついています。イギリスはこうだった、フランスはこうだった、と書くこともできる。

これを改行して、次の段落にもっていってもいいし、改行せず、そのまま続けてもいい。読み手にとって、どうやったらわかりやすくなるか考える。ここで改行したほうがいい、そう思う心が段落をつくる心です。

この段落をつくる心を養うには、たくさん本を読んで、自分の気に入った段落を書く人を見つけて、その人のやりかたを勉強するほかありません。


わたしたちは民族としての長期記憶が少ないんです。貧しいんです。


ここで、わたしの頭の中の長期記憶がひょいと飛び出してくるんですが、いま、日本の国際連合の常任理事国入りが問題になっています。これ、絶対無理です。

なぜならば、第一次世界大戦が終わったあと、あまりにも戦争のやり方が変わって悲惨なものになったため、一時期、平和ムードが物凄《ものすご》く世界に広がりました。その中で、できたのが国際連盟です。当時、軍縮が世界の緊急の課題になって、戦争なんてばかばかしいことは止《や》めましょう、軍備を縮小しましょうということになった。

その国際連盟を、一番最初に脱退したのは日本なんです。おまけにその時、日本は国際連盟の常任理事国。満州の問題で中国から国際連盟に提訴があり、国際連盟が、総会で、日本の満州に対するやり方はおかしい、と総会採決を下した時に席を立って退場し、そのまま連盟を脱退したのが日本だったのです。

その時の日本政府の代表が松岡洋右《ようすけ》という人ですが、これ、世界中の人が皆、覚えてます。日本人だけ、忘れてるんですね。

日本の次に脱退したのはどこか？　それはドイツです。

その次に脱退したのはどこか？　それはイタリアです。

イタリアは除名になったのですが、除名になるくらいなら、といって脱退し、この三国が三国同盟を結び、これが枢軸国《すうじくこく》になるわけです。

戦前の国際連盟をぶち壊したのは、常任理事国の責任ある立場にあった日本だ、ということが今でもちゃんと、現役の常識として通っているわけです。

その国が過去のことを全部忘れて、きちっと謝りもせずに、また常任理事国になりますって言ったって、これは世界の世論が絶対許さないことです。

だから、日本は非常任理事国でいいし、今のところはそれしかありようがない。日本が常任理事国になるには、自分のやったことを、いいところ悪いところ、きちっと自分で考えて、悪いところは自分で乗り越えて、謝るべきところはきちっと謝る。これがしっかりできない限り、日本が普通の国になったとは世界は絶対に見てくれません。だから常任理事国にはまず絶対なれない。

わたしたちは民族としての長期記憶が少ないんです。貧しいんです。乏しいんです。国際連盟をぶっ壊したのは、日本ですからね。その日本がまた常任理事国になりたい、と言っている。

昭和二十年の二月にヤルタ会談があって、今度は国際連合の創設を連合国に働きかけようと決めた。それが今の国際連合のはじまりです。その前身が国際連盟。だから繋がっているんです。

そこのところを、わたしたちは長期記憶で失ってます。これがこれから問題になってくると思います。日本という国、あるいはわたしたちは、どういう長期記憶を持って、どういう問題を、どう処理してきたか、これから問われるわけです。

ですから、民族として長期記憶をちゃんと持っていないといけません。大事なことはきっちり覚えておく。言い残しておく。

言葉は悪いのですが、これをしっかりやらないと、日本人としてボケてしまうんです。

ほとんど、アルツハイマー風に忘れちゃってるんです。

こうなったからには、自分で発見して、自分で乗り越えないとだめです。人に言われたからこうしました、ということをやっているかぎり、日本はだめだと思います。今までは許してもらえたのですが、これだけ強大な国になったからには、日本人が自浄能力を発揮し、自分で自分のことを考えて、いいところはいい、悪いところは悪いと、はっきり物を言って、謝るところはきっちり謝る。そうして、自分を自分で乗り越えていかないと、国際社会は仲間入りを本格的には許してくれません。

ずいぶん脱線してしまいました。いまのは長い段落ですね。

これを改行なしに書いても構わないのですが、それでは読みにくい。

わたしの場合、「あっ、こんな話をしている場合じゃない、今、段落の話をしてるんだ」と、ふっと気がついた時に改行すればいいわけですが（笑い）……。

ということで、段落、パラグラフとは、かなり論理的であると同時に、書き手それぞれの個性が表れるところです。

優れた書き手というのは、自分と読者の関係のなかで段落をつくっていく。

池波正太郎さんの小説は、やたら改行が多いですね。

あれは別に原稿料を稼ぐというのではありません。（笑い）改行が独特のリズムをつくり、それが読者に、いい感じを与える。*

池波さんの小説は愛読者がたいへん多いのですが、優れた書き手というのは自分と読者の関係のなかで段落をつくっていく。

それは妥協でもなんでもありません。あくまでも人に読まれるもの、人に読んでもらうもの、そういう文章のことをわたしは申しあげているわけです。読まれないとおしまい、という立場で言ってますので、「俺は読まれなくていいんだ」という方は、今、わたしが言ったこと、全部忘れてください。（笑い）

さて、いよいよ、これからものを書こうというとき、当然「話題文の決定」ということをしなければなりません。たとえば、憲法の話をしようという時、それが話題、題目になるわけです。その話題を書きながら、全体のテーマからそう外れないで脱線する。

実は最初、皆さんの顔を前にして憲法の話をしようなんて全然、思ってなかったのです。けれど、皆さんの顔を見て話しているうちに、ついつい踏み込んでしまった。

日本人にとっては「憲法」、外国人にとっては「Constitution」――どちらも同じ憲法なのに、それに対する民族の意識は「言葉」に左右されて、かなり違う。日本人は法の中のことでも、どこかに放っておけという態度だし、外国人は、大事なことは全部、憲法の範囲内で決まってほしい、決まるのが本当だと考え、憲法が及ばないところへ、大事なことが行っちゃうと大変だ、という意識で見ている。そういうことを申しあげたいばかりに、ずーっと脱線しちゃった。

でも、脱線は脱線で、わたしは満足してるんです。

＊池波正太郎さんの小説の改行　井上ひさしさんの『ニホン語日記』（文春文庫）の154頁《ページ》、「池波さんの振り仮名」の章に、こうある。

「この、重要な事柄をふっと改行して記すことで読者の注意を促すと同時に、文体の調子を変えてしまう手法は、大勢の読者をかかえる小説家の必須《ひっす》の武器であって……」

「黒い目のきれいな女の子」

次に、文の構造、組み立てについてお話ししたいと思います。「かかり」と「受け」、「修飾語（かかる言葉）」と「被修飾語（受ける言葉）」の関係です。

たとえば、前に紹介した「黒い目のきれいな女の子」という文。

これは非常に曖昧《あいまい》です。

主語がどれか、述語がどれかというのは、日本語の場合あまり気にする必要はないのですが、「かかり」がどこへかかって、何が受けているかという関係をしっかりつかまないと、意味が曖昧になる。

「黒い目のきれいな女の子」。これだけの短い文に、実は十八通りの意味あいがあるのです。

この中から代表的な例を抜き出すと、
まず、「黒い目のきれいな――女の子」です。

「黒い目のきれいな」というのが、ひとかたまりです。つまり、これ、文節ですね。そして、それに続く「女の子」をひとかたまりと解釈すると、

「黒い目のきれいな、女の子」という文字通りの意味になります。

ところが、
「黒い、目のきれいな女の子」と、「黒い」で点を打ったり、息を抜いたりすると、「目がきれいだけれど、黒い」、つまり、その少女は目がきれいだけれど、色が黒いことになってしまんです。

文の構造解析は、こんなに簡単です。自分の書いている文章が、ちょっとおかしいなと思ったら、どこへどれがかかっていて、どれが受けているか、関係をつかまえてみる。そうすると、文章は実にわかりやすくなって、読み手の短期記憶に、すーっと入っていくものになるわけです。

三つ目は「黒い目のきれいな——女の——子」です。
「黒い目のきれいな女がいて、その子ども」ということになるわけです。
「黒い目のきれいな女の、子」っていうふうに言えば、子どもはどうでもよく、女性が黒い目でとてもきれいだった、というふうになる。

日本語には、こういう文章が多いのです。「かかり」「受け」を、しっかりしていないからです。

どれがどれにかかっていて、どれがどれを受けるのかをつかまえることが大事です。
図解すると、こうなります。

という具合に、図にして考えると簡単です。つまり、点を打つ時は、点を打つ。誤解が起きそうだったら、語順を変えてみる。そういう点検をしないといけないわけです。「直結の原則」というのがあって、なるべく「かかり」と「受け」をくっつけていった

ほうがいいんです。

あまり主語を立てると、日本文の場合、ごつごつした感じになります。

主語は、文のなかで使わないほうがいい。特に、随想とかエッセーにおいては、あまり主語を立てると、エッセーじゃなくて論文みたいになってしまいます。たとえば「百度で沸騰《ふっとう》する」。これが、学術論文なら、何が沸騰するか、はっきりさせなければなりませんから、やっぱり主語がないといけません。

それから、商業文。

「――を、請求します。」といいますね。ふつうわたしたちの場合、「かえしてよ」の一言で、相手は、あっ、あのことだな、「じゃ半分な」と察しがつき、話が成立しますが、商業文で「返してください」だけだと、わかりません。主語と述語が必要になるわけです。

しかし普段の個人的な文章で、あまり主語を立てると、日本文の場合、ごつごつした感じになります。

一問一答

プロでも書けないことを、小学生、中学生たちに要求している国語教育が根本的にまちがいなのです。

問い 子どもたちの国語力の不足がよく言われます。私自身も自分の国語力の不足を感じている者ですが、そもそも国語力といわれても、たくさんの意味が含まれているような気がして、なんだかよくわかりません。

もし、今の子どもたちの国語力が不足しているのなら、何が不足しているのか？ それを止める対策として、どんなことをすればいいのか、お聞かせください。

答え　文部省がこれからどうやっていったらいいのかという、大変な問題が出ましたね。

日本人は昔から、国語力は不足しています。

なぜかと言うと、僕らの時代もそうですが、小学校でも中学校でも、綴《つづ》り方《かた》の作文の教室の時間は、生徒の頭の中に起こったことを書かせるわけです。

「昨日の遠足の感想を書きなさい」とか「遠足について書きなさい」とか。

けれど、子どもが書くことといったら、「きのう遠足に行きました。たいへん楽しかった。夕方ごろ帰りました」――これしかパターンがないんです。

それは、皆さんにしても、われわれのようなプロの物書きにしてもそうです。

出かけた。楽しかった。あるいは、つまんなかった。帰りました。

それしか、書けないんです。

つまり、プロでも書けないことを、小学生、中学生たちに要求している国語教育が根本的にまちがいなのです。

丸谷《まるや》才一さんの言葉を借りますと、日本の国語教育は、全生徒をすべて小説家か詩人にするつもりでいると。これが日本の国語教育の根本的な欠陥です。

つまり芸術鑑賞とか、文学鑑賞とか、人の心を動かす文章を書かせようとするわけです。こんなの、子どもに無理ですね。大人だって無理なことを、なぜ子どもに要求するのかよくわかりません。

つらつら考えて、ひとつの結論を今とりあえず出しますと、子どもたちに書かせる文章はまず、感想文ですね。つまり、頭の中に今、何が起こっていますかという、大人でも難しいことをやらせている。それじゃ、駄目なんですね。

そうじゃなくて、あなたはそれをどう見てますか、という観察文とか、報告文とかを書かせなければならない。

例えば、これはイタリアの教科書の有名なくだりなのですが、ちょうど秋で教室の外に高い木があって、そこから落葉がハラハラ散っているわけです。みんなで落葉の落ちるようすを見て、それを書く。

つまり、落葉を見て、あなたの頭の中でどういうふうな事が起こりましたか、というようなことは、絶対書かせないのです。

大人でしたら、落葉というのは自分の髪の毛とか、人生の秋とかいろいろなことを考えて、寂しいと書いたりしますが、そういうことを、いっさい子どもに要求しないのです。ただ、自分の目でどう見えたか。これは子どもでも書けるわけです。

どうして落葉は葉っぱの先のほうから下に落ちないで、付け根のほうから先に落ちるのか、とか。あたり前ですね、そっちのほうが重いわけですから。

ひらひら蝶々《ちょうちょう》のように舞って降りてくるとか、見ながら書く、ということが大事なのです。

よく観察して、何かを報告するということが大事で、落葉を見て、あなたは落葉からどういう感じがしましたか、落葉を見てどう思いますか、というのは、これ、大人に言っても無理な注文なのです。

料理を食べる、料理の味はどうでしたか、というのは、これはかなり無理な注文です。でも、どういう料理が出ましたか、というのは誰でも書けるわけです。

小学生に大人でもできない、落葉を見てあなたはどう思った、ということを要求しているわけです。これは駄目ですね。われわれでも書けません。

そうではなくて、落葉はどう落ちていくんですか、ということを書かせる。

それから一冊の本を読ませてこれを四百字に縮めなさい、とか。そういうことなら、子どもたちは、ちゃんとできます。

日本の国語教育は、いっさいそれをやっていないんです。みんな文学的なことばっかりやっているんです。学校の先生方もそういうことが好きなんです。文部省も好きなんですね。

そういう場合、子どもがせっかく答えを出しても、大人が用意した答えに合わないと、まちがいになっちゃうんですね。子どもにとって踏んだり蹴《け》ったりです。

大人ができないようなこと、つまり思ったことを書きなさいと、よく言えるものだと思います。

日本の国語教育は、まず、ものを良く見る。その見たことを、そのまま書くという仕事――これをしっかり教えないといけない。

先生がよく言いますよね。「何迷っているのですか。あなたが今、思ったことを書けばいいんですよ」。

これは難しいんです。大人もできません。

でも、「あなたが今、見ていることを書きなさい」だと、子どもは書ける。「あなたが読んだ本の、感想じゃなくて、そのお話を短く縮めなさい」というと、これも書けます。

そういうところから文章をはじめないといけません。いきなり高いところにバーを上げられたら、子どもはだんだん嫌いになります。

それから、特に読書感想文が問題ですね。これは本当に子どもにとっては地獄の責め苦だと思います。

おもしろい本を、ある意味では無責任にどんどん読めばいいのです。それなのに、読んだあとに感想を書きなさいと要求する。

わたしはきょう、お餅《もち》のご馳走《ちそう》をいただきましたが、箸《はし》をつける前に、餅を食べたあと、「餅についての感想を」って言われたら、絶対に食べないです。でも、どういう餅が出ましたか、っていうのは書けますよ、すぐ。

ですから、大人が子どもにまちがったことを要求しているのです。子どもは、どんどん嫌いになります。

大人がその愚に気がつかない間は、日本の文章教育はまちがった方に進んで行って、大人になっても何も書けない人間が出てくるわけです。

科学者だろうが、数学者だろうが、文章に関係ないような方向へ進むとしても、それを人々に発表する、人に伝えるためには言葉が必要です。

日本では、国語の時間というのがありますが、むこうは全《すべ》ての時間がイタリア語の時間、フランス語の時間、英語の時間なのですね。

数学の勉強をしながら、それを言葉で、イタリア語ならイタリア語でどう表現するかということを、全部やっているわけです。

そのわりには偉い人が出ないという、一方の批判もありますが、それは置いておいて、例えば、フランスの小学生の試験問題を手に入れたのですが、三年生の問題は「1＋1＝2」という式が書いてあって、これを文章で書きなさい、となっている。

そうすると「1個と1個を足すと2個になる」と書く子もいれば、「ある質の物を1個と、それと同じ質の物を1個、籠《かご》の中に入れたら、それは同じものが二つあるということである」と書く子もいる。みんないろんなことを書きますけど、見たものをどう説明するか、どういうふうにリポートするか、ということであって、子どもたちの頭の中にあることを書けというのではないのですね。

イギリスの、何年か前のパブリックスクールの入学試験の問題は、

「A^2＋B^2＝C^2」

というピタゴラスの定理を文章にしなさい、という問題でした。

数学の時間であっても、英語の時間なのです。

そうやって、言葉の力を義務教育の間、一生懸命つけていく。だから理科の時間も、実は英語の時間。

なぜなら、科学者でも誰でも、自分の考えを、やがて全て言葉で伝えなきゃいけない。そういうものだという確固たる信念があるわけです。

もう一つは弁論術です。人を批判するとき、人のものを批判するとき、どういう順序

で言うべきか。

まず、欠点をずばずば言う。それで、いいところをおしまいに挙げる。そしたら誰も傷つかない。

私たち日本人は最初はだいたい褒めるんですね。「いやぁ、良かった、良かった」と。ところが、そのあと「でもさ」って、最後はけなして終わるから、みんな不愉快になるんです。

そういう弁論術を、小学生の時から教わっている民族と、全然ノータッチの民族がディベートなんかやったって、これ、かなわないわけです。

ちょっと長くなりましたが、話をもとに戻しますと、日本の国語教育は、まず、ものを良く見る。その見たことを、そのまま書くという仕事――これをしっかり教えないといけない。みんなに小さな文学者、小さな詩人みたいなことを要求しても無理です。

観察する。要約する。報告する。そういう文章をうんと書かせる。わたしたちもそういう教育受けていたら……。

観察する。要約する。報告する。そういう文章をうんと書かせる。わたしたちも、そういう教育を受けていたら、こんな作文教室なんかいらなかったわけです。

詩とか随筆とか、そういうものをどう鑑賞するか、それも先生の用意した答えに合わないとバツというようなことではだめです。わたしも小さいころはそれで腹がたちました。

日本では、先生たちも、実は迷惑しているわけです。国語を教えるときに、目安がないわけですよ。だから漢字はここではねるとか、そんなことばっかりで、バツつけたり、丸つけたり。今は、そんなのワープロができて、ちゃんとやってくれるわけですから。先生も子どもも嫌いになりますよね。そういうことばっかりやっているから、子どもはどんどん漢字嫌い、日本語嫌い、作文嫌いになっていくわけです。
「作文教室へ行ってどうだった」って聞かれて、みなさん、ちゃんと言えますか？
「いやぁ、ためになったよ」とか、「いやぁ、それほどでもなかった」とか、「いやぁ、作文書かされてさ」とか、それくらいのもんでしょう。

しかし、子どもには「それを、もっともっと言いなさい」と、大人が悪ぜまりしているんですよね。

いっぽうでは、くだらないことを暗記させる。もう、日本の教育は目茶苦茶ですよね。子どもは疲れて、子どもに大人の理性があったら、「もう、勝手にしろ」っていうことになっちゃいます。

ということで、だんだんわたしも悪乗りしてきましたが、小学校の国語の時間は、わたしに任せてくれるんだったら、完全に変えますけど……。

しかし、任してもらえるわけがないんです。

わたしたちは本当に悪い国語教育を受けたのです。先生方の責任ではないです。この国の方針、そして、それを黙って見ている父母の責任……。わたしたち父母は責任が重いのです。わたしたちは、「学校がさぁ」と言って嘆いていますが、なぜ、いい学校にしないのか。自分たちの子どもが通っている学校を、なぜ、いい学校にしようとしないのか。

こういうことを本気で考えないと、結局は無責任になっちゃうんですよね。

昔、「ね、さ、よ、廃止運動」というのがあったでしょう。昭和三十三年に鎌倉《かまくら》の腰越小学校というところがはじめたんです。

「こんどの日曜はね、家でさ、誕生会なのよ」の「ね、さ、よ」をやめさせようとした。腰越小学校がはじめて、あっという間に全国に八十のチェーン校ができたんです。北海道では「ね、さ、よ、夏祭り」なんてのがあった。盆踊りの間、子どもたちは「ね、さ、よ」を使っちゃいけない、というんですね。

そんなの、最初からまちがってますから、もう、昭和四十年ごろで立ち消えになりましたけれども……。

話言葉で、ね、さ、よ、を入れたって、いっこうにかまわないんです。

これは終助詞という、おしまいの助詞です。助ける言葉ですね。実は、使いようがあるんです。それなのに上品を気取って、子どもたちに使うなという。

子どもが言ったんじゃないですよ。大人がやったんです。ですから、わたしたち大人に、責任があるんです。

もうちょっと根本的に変えないと、日本民族の文字を綴《つづ》る言葉の力というのは、どんどん落ちていく。

次の世代を、真剣に育てないといけない。いい加減に、放っておいてはいけないと思うんです。特に国語の時間はそうだと思います。

文部省には、本気で取り組んでほしいですね。もうちょっと根本的に変えないと、日本民族の文字を綴る言葉の力というのは、どんどん落ちていく。いまは、ものを良く読まないですよね。読めばおもしろいんです。

先日の読売新聞の世論調査で、六〇パーセントの人が「もっと本を読みたい」と思っているのに、実際は本が読めなくなってきている。

その理由はいろいろでしょうが、学校で嫌な教育を受けていることも大きい。本を読むと感想を書かされるわけですから。そのあとのバツが恐ろしくて皆、本を敬遠する。国語教育を早く変えないといけない。そうしないと、また悪口になっちゃいますが、

JRなど大企業が、「びゅう」とか「ハートランド」とかの日本語を作っていくという、ほんとに悲しい状態になっていく、と思います。

結局、わたしたちが民間でがんばるしかないのです。

さて、これまでお話ししたことを、一分間でまとめますと、まず、自分だけに起こったことを、これは長期記憶の問題ですが、人にわかるように書く。これが基本の第一。それから、自分の長期記憶を大事にきちっとしないと、いい文章を書けない。

文章を書く相棒というのは、原稿用紙のむこうにいる読者でもあれば、自分の長期記憶でもあるんです。その相棒と手を繋《つな》いで書いていく。商業文などは別として、普通の個人的な文章というのは、原稿用紙のむこうにある長期記憶と、どうつながるかに尽きる。

そして、段落という大事な問題。ふだんから、字引とか百科辞典をそばに置いて言葉の出生をたずねる。

百科辞典は、古本屋さんで安いですね。ただでもらえるかも知れません。百科辞典なんて、だいたい古本屋さんが買っていかないですから。百科辞典同様、全集も出なくなった。これは買う人が少なくなったからです。わたしたちは知的にそこまで落ちているんです。

われわれが今、テレビのワイドニュースなんか見てる時間を知的な時間だといっている。わたしたちの知的なエネルギーというのは、なくなりつつあります。だからこそ皆さんがいい読み手になって支えてほしいというわけです。いい読み手になれば、半分こじつけですが、必ずいい書き手になれるはずなんです。安直にむすびつけちゃって、申しわけないんですけど……。

皆さんが苦労して、いい文章をお書きになることを祈りながら、なおかついい読者であってほしいとお願いしつつ、実はそれが、日本を建て直す一番の基礎工事なのだということをお願いして、三時間目のお話を終えます。

徹夜の添削

七十三人の作文を抱えた井上先生は、「文学の蔵」の幹事と夕食をすませ、早々にホテルに引き揚げた。

これからホテルの自室で全員の作文の添削にとりかかるのだ。一人の作文に十分間かかるとすれば、全部終わるのに七百三十分、つまり十二時間余。その半分の一人五分にしても六時間以上。一秒も休みなしでこれだけの時間がかかるという計算で、凡人には想像を絶する作業だ。

「どうせ斜め読みして適当に感想を走り書きするんだろう」なんて考えるのは、まさに下種《げす》のかんぐりで、井上先生の誠実さは、そんなかんぐりを微塵《みじん》だにも寄せつけない。作文の一字一句もゆるがせにしないで読み通し、ていねいな朱筆で添削し、おまけに読後評までお書きになるのである。

四時間目

朝早くホテルへ行って、井上さんの添削済みの作文をいただく。フロントの話では今朝五時に預かったとのこと。ああ申し訳ない。原稿の末尾には、すべて朱書きで評言があり「廈《ひさし》」の角印が押されていた。あちこち傍線を引いて、欄外に注意や評価の言葉が並ぶ。

三日目は午後一時半から四時間目。教室入りした仲間たちは、五十音順に並べた作文から、自分のものを探し出し、食い入るように見ている。ざわめきが起き、興奮した声で語り合う仲間も。

井上さんが現れる。開口一番「奇蹟《きせき》が起こった。すごいよ」と会員にささやく。「今日は朗読劇をするつもりです。このリストの方に出てもらって、一組ごとにこの順番で読んでもらいます」とメモを出され教室入り。教室の黒板に、「井上先生、誕生日おめでとうございます」と大きな文字。誰かがいつのまにか書いたのだ。井上さんは、祝福の拍手に照れながら教壇へ。

はじめの講評

奇蹟が起こっています。

皆さんのお書きになったものを、じっくり読ませていただきました。ほんとに文章がしっかりしていて、きっちり書いてあり、これはもう、箸《はし》にも棒にもかからない、直しようがない、というのは、ひとつもありませんでした。

本当です。とにかくびっくりしました。いつ勉強なさったのか……。井上ひさしの鼻をあかしてやろうと、わたしより優秀な先生を迎えて、こっそり勉強していたとしか思えないですね。（笑い）

本当に、良く出来ていました。

わたしは、厳しくしたほうがいい時は厳しくしないと、こういう教室は成立しないと思っていますので、厳しく見ようと思って皆さんのお書きになったものに立ち向かうわけです。

皆さん、題名のつけ方がお上手ですしね。いや、もう、びっくりしました。とにかく、いつ勉強なさったのかよくわかりません。

奇蹟が起こっています、この一関あたりには。

自分だけがわかることを皆にわかるように書く、ということを、皆さん方が承知していてくださって、それぞれ、ご自分の問題をお書きになった。これはほんとにもう感心しました。多種多様、ひとりひとり、悩み事、心配事が、みな違うんですね。

提出された七十三編の作文を、昨日の夜の七時半から読みはじめました。直したり感想を書いたり講評を書いたりして、終わったのがちょうど今朝の五時。わたしの予想より、ずうっと早かったんです。だいたい、翌朝の五時を目指すと、八時とか九時になって、「文学の蔵」の委員の方が取りにみえられる時にやっと渡す、みたいなことが前にありました。

うわぁ、これは参った、参った、と言って、十分くらい休んで、「俺はなんでこんなことしているんだろう」っていうのが、時には、あるんですね。そういう作文があると、ちゃんと直すのが大変なんですが、それが一枚もありませんでした。今回は、もう、すらすら読めて。出来がいいので、直すのも、さあーっといくんですね。

ですから、朝の五時にはきっちり終わって、それから、ひとりで「やーっ、良かった、良かった」と言いながら廊下を跳び歩いて、見終わった作文を、フロントに預けたわけです。

ほんとう、読みがいがありました。ほんとに、皆さん、良く、おできになります。わたしが、みなさんから教わったほうがいいような……。

でも、あんまり褒《ほ》めてると、だんだん嘘《うそ》っぽくなりますから（笑い）……。でも、欠点はないんです。皆さん、ちゃんとお書きになってますから。

これから、二十何人かの方に四組に分かれて読んでいただきますが、前に申しあげました通り、この人たちのものだけがいいから読むんではないんです。中に一番悪いのも入ってます。しかし、それも一生懸命、書いています。出来栄《できば》えはさまざまですけど、最後は目をつぶって引き抜いたりして選びました。とにかく、六人、あるいは七人の方に一つの組になっていただき、前に出ていただいて、代わるがわる、ご自分の作文を、わたしが申しあげた順番で読んでいただきたいと思います。

その時は、自分の表現ですから、ゆっくり、はっきり読み上げてください。ここはちょっと時間をあけて、二秒くらいおいたほうがいいとか、とにかくご自分のものを良くお読みになって、一番効果的な読み方をなさってください。

それが、六人、七人と集まってきますと朗読劇になっていく。そう思っているんです。きっとうまくいくと思います。

以前の「文章講座」では、原稿用紙をめちゃくちゃ使っておいでの方が十人、二十人とおいでになりましたが、今回はもう、さすがにぴしっと、原稿用紙を正確にお使いです。タイトルに丸をつけたり、点をつけたりなさっている方もいました。これ、効果をねらってつける場合と、たとえタイトルであれ文章ですから、書いてしまったあと本文と同じような呼吸で、どうも丸をつけないと納まらないという方と、二通りありまして、今回は、その後者の方ですね。

ただ普通、タイトルには、丸や点は使いません。ちょっと長いタイトルで、間に点を入れるということはありますけど。タイトルの終わりに丸をつける必要はありません。

それから「!」――感嘆符というのがありますね。それと、「?」――クエスチョンマーク。これを書いたあとは、一字あけるんですね。一関には節約家が多いのか、十人ぐらいの方が、感嘆符をつけたあと、一字もあけずにすぐ次の文章をはじめているんですが、この一字あけは、長い間の習慣、約束事です。一字あけると、そのほうが見やすいし、読みやすいということです。しかし、詰めても、警察に捕まりはしません。（笑い）

会話かなんかで、行の一番上にかぎかっこがきたとき、普通は一字あけるんですね。そういう約束事ですが、これも人によります。

一字あけたあとで、かぎかっこを開くわけですから、文は原稿用紙の枡目《ますめ》の三つ目からになります。

気づいたのは、これぐらいですね。どれも、ささいなことです。内容は立派でした。皆さんに敬意を表します。ありがとうございました。

質問への答え

いい芝居ですと、お客さまは本当に神様で、
生まれたての赤ん坊みたいな顔で、ずーっと、
ゆっくり帰っていく。

お書きになったもののなかで、あるいはホテルですれ違ったときの質問で、三つ聞かれました。簡単にお答えします。

まず、あなたはなぜ、ときどき芝居を中止したりするんですか、という質問です。

これはですね、小説の場合は、作者が恥をかけばいい。読者のほうも「なんだ、この

小説つまんないな」と途中で捨ててもかまわないし、一行読んだらおもしろくないんで「これは、もう読まない」って本を脇《わき》に置くこともできる。そこが小説の良さなんです。ところが、芝居は必ず成功する確信がないかぎり上演してはいけないというのが、わたしの考え方です。それだけに尽きるんですね。

書いていて、わかります。これは苦しまぎれに書いてしまったな、ここんとこ苦しい、これは前に使った、どうもこれを使いすぎる——と、どんどん反省が起きて来るんですね。自分が気に入らないかぎり、観客が気に入るわけがありません。作者本人が気に入らないのに、観客に気に入ってもらえるなんて、そんなうまい話は転がっていません。

お菓子の職人さんでも、仕立て屋さんでも、皆同じだと思います。「あっ、失敗した」というやつをお客さんに出したら、必ずお客さんに見破られるのです。

しかも芝居の場合、大勢の方が一緒にご覧になっている。お客さまは神様よりも万能の力を発します。ごまかしは絶対にきかないんです。ひょっとしたら、今日のお客さん、感動してくれないかな、なんて甘えは絶対きかないんです。

わざわざ時間をとって、前に切符を買って芝居を見に出かけていく。いろんな手間をかけて、お客さまは劇場にいらっしゃるんです。「いいものならなんでも受け入れてやろう」「しかし、悪かったら承知しないぞ」っていうのを、みなさん、意識の下にお持ちなんです。

小説の場合は、あっ、これだめだ、この先、だめだというと、それぞれ皆さん、そこで読むのをやめて違うことやりますけど、芝居はいったん入りますと、外国なんかでは途中でぞろぞろ立ったりしますが、日本はまだ、皆さん居眠りしたり、内心、怒ったり、もう芝居は金輪際、一生の間、絶対見ないぞと決心したり、不愉快になりながら見て、終わると同時に、わあっと帰っちゃうわけです。

いい芝居ですと、お客さまは本当に神様で、生まれたての赤ん坊みたいな顔で、ずーっと、ゆっくり帰っていく。

つまり、いい芝居になるという見通しがはっきりしないうちは、芝居は掛けちゃいけないんです。つまんない芝居を見たお客さんは、当分見にきませんから。

これは、演劇界全体に対する責任でもあるんですね。芝居っていうのは、つまんないもんだよ。そんな時間あったら、映画見ようとか、カラオケに行ったほうがいい、とならないために、ひとつひとつの公演が水準を越えたいいものでないと、結局あとが続かなくなるんです。演劇界全体に迷惑をかけますし、わたし個人も、こまつ座も信用されなくなります。

そういうわけで、わたしが芝居にかぎって、日延べをしたり、初日を延ばしたり、中止したりするのは、お客さんがそれだけ厳しいからです。なんでも受け入れてやるかわりに、つまんないのは受け入れないぞとご覧になっていますから、偽物《にせもの》はすぐ見破られる。井上ひさしも三番せんじ、四番せんじが多くなったね、って言われたらもう、今度のは、五番せんじに違いないっていうんで、結局、お客さん、来なくなっちゃうんですね。

芝居を中止すると、一時は損します。こまつ座も、赤字が出ました。でも、いい芝居やっていると、それは必ず回収できるんです。

日本の指導者たちは及び腰のくせに威張り腐って、国民一人ひとりに命をかけさせた。

二番目は、きのうわたしが日本人は戦うのが下手、戦争下手だと申し上げたら、それをもっと聞きたい、わたしは上手だと思っていたという方からの質問です。

ほんとに日本人というのは戦が下手ですね。国内で関ヶ原なんかで戦っていると、これは実力が同じぐらいの人が戦っているから、うまい下手が出てきますが……。日本は外国に対して、外交も下手です。外交の下手なところが、戦が上手なわけはないんですね。

なぜ日本軍がだめだったのかという実例、根拠はいくつもあります。

例えば、昭和十二年の七月七日についに中国と全面衝突するわけですが、その次の年の初めに、第一次近衛《このえ》内閣の近衛文麿《ふみまろ》首相が声明を出す。つまり、近衛文麿さん――細川護熙《もりひろ》さんのおじいさんです――は、現地に日本軍が行って中国軍と戦っているにもかかわらず、「今後、中華民国政府を相手にせず」という声明を出したわけです。

そうすると、現場は大変ですよね。一生懸命、命懸けで中国軍と戦っているにもかかわらず、中央の方は今後、中国を相手にしないと言っているんですから、戦う目的がなくなっちゃうわけです。

日中戦争というのは、ずーっと戦う目的がないんです。だから前線の兵士は戦う拠《よ》り所がなくなる。そうすると腐敗していきます。そこに虐殺《ぎゃくさつ》とか、いろんなことが起こるわけですね。

で、昭和十六年の十二月八日の太平洋戦争の開戦を迎えるわけですが、いろんな文学者が、そのとき、すっきりしたと言っています。

それは当時の新聞をご覧になれば、よくわかります。何かこう、目の前にあった雲がすっと晴れた、とか、冷たい水を浴びたように身がキュッと引き締まった、とかいう談話がずっと並んでます。

初めて戦う相手がはっきりしたんです。それまでの日本の政府、日本の軍部のやり方は、敵がいるような、いないような……。自分たちの都合で中国大陸に出かけておいて、その中国をもう相手にしないと言っているんですから、なんかもうひとつはっきりしないうちに、殺し合いをしているんですよね。

そうじゃなくて嘘でもなんでも、とにかくこの国のため、悠久の大義のために、ということでアメリカ、イギリス、オランダ……最後は五十二カ国相手に戦うんですけども、戦う目的、戦争目的がはっきりして、みんなすっきりしたんですね。

戦う目的がないのに戦っていたわけですから、これは良《あ》し悪しは別にして凄《すご》いですね。崇高なまでの無知さ加減、これは凄いです。

何かの号令で、目的がないのに命をかけるんですからね。

日本の指導者たちは及び腰のくせに威張り腐って、国民一人ひとりに命をかけさせた。それをまた、国民一人ひとりが気がつかないで従っていく。日本人のいいところが全《すべ》て逆転しちゃって、結局それが戦争下手とかいろんなことに繫《つな》がっていくわけです。

最後に特攻隊のことだけ、お話ししたい。結局五千人に近い若い将校や、兵士が飛行機に乗って敵艦に体当たりしていくのですが、一回目の神風特攻隊の隊長は関行男という海軍大尉でした。この特攻隊の隊長が出かける前の日に、基地詰めの記者を呼んで、こう言っているんですね。

日本も僕みたいな優秀なパイロットを殺すようになったらおしまいだ。敵を攻撃して、生きて帰って来いというならわかる。自分には、日本の政府がたくさん投資して優秀なパイロットにした。それを体当たりでボンと殺すような日本にはもう望みはない、この戦争はもうおしまいだ。僕は天皇陛下のためでも国のためでもなく、自分の妻のために死んでいく。この気持ちを、何かの形で伝えてほしい——。

そう記者に頼んで、攻撃に飛び立っていくわけなんですね。

別の方は、何回でも戦えるのに悔しい、こうやって飛行機に乗って爆弾になって突っ込んでいく悔しさを、必ず後世の人に伝えてほしいと、別の新聞社の記者にこっそり言って飛び立った。

こういう作戦を決めてしまうひどさ、日本の軍部、上層部のひどさですね。

戦争が進むにつれて、アメリカなんかはいろいろ開発して、電波探知器なんかをどんどん研究して、日本の飛行機が入ってくると、さっと探知してやっつけちゃうというのに……。昭和十八年、横須賀《よこすか》の基地あたりで、海面すれすれのところを飛び、敵艦の機関砲の死角から近づいて攻撃する練習をしていた。海面十メートルぐらいのところを飛びながら、二百メートル手前で、爆弾を放つわけなんですね。僕ら子どものころ、水切りってやりましたが、同じように爆弾が海面でバーンと跳ねて敵艦にぶつかるという訓練です。

これは軽業ですよ。何が危険かというと、そのままだと爆弾を落として二秒後には敵艦にぶつかってしまいますから。爆弾を落として海面でジャンプさせたら、急旋回して逃げなきゃいけないいんですね。

横須賀の海軍基地で何回も練習していたら、そのうち誰かが、そのままぶつかったほうがもっと確実だと言いだして、結局はあんなことになってしまった。

アメリカの作戦本部では、生還率五〇パーセント以上じゃないと絶対、作戦に踏み切らないんです。机上作戦会議で、参謀たちが皆、集まって、例えば、百人兵隊出せば五十人は帰ってくるというような生還率五〇パーセント以上でないと、たとえどんなにすごい作戦でも採用しないんです。

日本の場合は、一〇パーセントです。十人行って九人死んで一人帰って来る見込みがあれば、作戦を採用する。「九死に一生」、とんでもない人命軽視です*。

別にアメリカを讃《たた》えているわけじゃありません。あそこも、ある意味ではかなりいい加減な国だと思いますが、戦うときは五〇パーセント以上の生還率がなければ採用しない。ところが日本の特攻隊の場合、生還率はゼロ。人命軽視の指導者たちが戦争を始めたら、どうなるかの見本のようなものです。そういう作戦をやりだしたところに、日本の指導部の徹底した腐敗がある。それもこれも、戦うのが苦手なんですね。日本人は戦争が下手なんです。

これは三日ぐらい、しゃべらないと解決がつかない問題なので、ここらへんでやめます。次に、大きな出し物が待ってますので……。

*「九死に一生」　司馬遼太郎さんとの対談『国家・宗教・日本人』（講談社）の49頁《ページ》参照。

「は」と「が」の使い方。

それから、もう一つだけ言っておきたいのが、「は」と「が」の使い方の区別です。「は」と「が」の使い方がわからないと、書いてきた方がいらっしゃいます。一番、有名な例で言います。あの「象は鼻が長い」です*。「象」も「鼻」も両方とも主語ではないか、というご質問です。「象は――」の「は」というのは、だいたい主語につきますから、主語がまず、ここにひとつ。で、「鼻が――」の「が」がついて、これも主語。ひとつの文の中に、主語が二つあるのはおかしいんじゃないのか、というご指摘です。

これは重要な問題です。知らないのは日本人だけ。日本語を学ぶ外国の方は、皆、最初にこれを習うんですね。

ところがわたしたち日本人は、聞かれると、わからない。ちゃんと無意識のうちに使い分けていますから、勉強する必要はないんで、改めて考えると、わからなくなってしまうんです。

前にもご紹介しました大野晋さんという国語学者は岩波の古語辞典も作った方で、日本の最古の文献から、現在まで、日本語を、ずーっと読んで、考えてらっしゃる国文学者で、わたしの大好きな人です。この方が大発見をしました。「は」と「が」の使い分けについて、今から二十年近く前、明確な答えを出したんです。この「は」と「が」をどう使い分けるかについては、その前にもうひとり、三上章という文法学者が、ずーっと研究なさっていたのですが、大野さんが、これに明解な答えを出した。

大野さんの説を簡単に言うと、桃太郎の話がありますよね。**

「むかし、むかし、あるところに、おじいさんとおばあさんが住んでいました」と、「おじいさんとおばあさん・が」ではじまって、次に「おじいさん・は」となります。

なぜ、最初は「が」と言っておいて、次の段落に変わると「おじいさんは、山へ芝刈りに、おばあさんは、川へ洗濯に」と「は」になるのか。なぜ、次も「が」ではいけないのか。逆に、なぜ最初の「が」は「は」ではいけないのか。

「昔、あるところに、おじいさんとおばあさんは住んでいました」と言ったら、なんか、おかしいと思うでしょう。

反対に「おじいさんが山へ芝刈りに、おばあさんが川へ洗濯に」って言ったら、なんかおかしいですよね。

われわれは無意識に使い分けているんですが、大野先生の説によると、理論的に「は」というのは、もう明らかになったことに付くんです。「が」は未知——まだわからないことに付ける。

つまり、いちばん最初におじいさんと、おばあさんが出てきますから、これは、読んでいる人、聞いている人にとっては、最初、未知のまだよくわからない二人が出てくるわけです。「おばあさん・が・住んでいました」というふうに。

これでもう、このおじいさんとおばあさんについて、はっきりしました。ある所に住んでいた、今、話に出たおじいさん、おばあさんになったわけです。もう、わかっている人についてですから、そのあとは「は」をつけるわけです。

規則はたったこれだけです。

例えば「わたし・が・井上ひさしです」と、皆さんの前に出て言った場合、それまでは「井上ひさし」である「わたし」は知られていなかったわけです。

しかし、皆さんは「井上ひさしは芝居が遅れる奴《やつ》だ」などと、すでにいろいろわかっ

ている。そして、わたしがその井上ひさしであることもごぞんじだとする。そこへ私が出て行って名乗るときは、

「わたし・は・井上ひさしです」となるわけです。

じゃ、「象・は・鼻・が・長い」というのはどういうことかと言いますと、「は」というのは、今、説明しましたように、わかっていること、もうわかっちゃったことを提示するわけです。つまり「象は鼻が長い」の「象・は」の「は」は、主語ではないんです。「皆さん良くご存じの象という動物について言えば、鼻が長い」という意味です。

混乱したら、「すでに知っている何とかについて言えばこうです」と考えれば、はっきりすると思います。

「は」は、わかっているものを、さらに前に押し出す役目をもっている助詞でもあるわけですね。

さて、もう時間もありませんので、皆さんの書かれたものを、皆さんご自身でお読みになるという、大イベントをはじめようと思います。

四組に分かれていますので、それぞれ劇団名をつけてもいいんですが、そこまで凝る必要もないですね。

それでは、一組から順番を発表します。

一組

●「忘れろ忘れろ」　大石　美知代
●「乗りもの酔いする家族の居ること」　岩井　敏夫
●「ダイヤモンド・ジェラシー」　S・H
●「おもち帰り」　後藤　ルミ子
●「涙」　南園　律子
●「原子爆弾の天気予報」　斎藤　岳丸
●「願わくは」　大内　武子

二組

●「最後の仕事」　高橋　よし子
●「私が醜くなった理由？」　伊藤　博子
●「入れ歯をはずして下さい」　遠藤　征広
●「心の豊かさを求めて」　芳賀　紘子
●「息子の悩み」　藤沢　浪子
●「可愛《かわい》い夫」　熊谷　美千恵

三組

●「今いちばん悩んでいること」　皆川　和子
●「女の城と王様」　髙橋　泰子
●「悩みはなんでも一一〇番」　髙橋　多恵子
●「『金八先生』は自分の夢を見るか」　池亀　洋一
●「弟よ」　佐藤　幸平
●「冬の家」　竹田又右衛門

四組

●「社長、しっかりしてよ！」　伊沢　真紀子
●「継母《はは》の始末」　小野　一也
●「やっかいなお腹《なか》の脂肪」　K・S
●「象は鼻が長い」　阿部　洋子
●「自分史」　H・T
●「娘とのこれから」　石村　恵子
●「完結編は書かねばなるまい」　鈴木　きぬ絵

名前を読みあげた方、前にどうぞ。

照れないでください。自分の作品を自分の声で、より良いものにする。そういうつもりでお願いします。朗読劇、といっても、音楽、鳴らしませんので、呼吸が揃《そろ》ったところで読んでください。

この作品のここがいいとか、悪いとかは一切申しあげません。

原稿、ちょっと直してありますよね。朱《あか》が入ってます。原文を採るか、直されたほうを採るかは、皆さんの自由です。直し方、気に入らないという方も、絶対いるはずですから。やっぱりわたしは自分の書いたものを、そのまま読むということでもいいですし、直されたから、その通り読んでみましょう、ということでもいいです。

皆さん、必ず早口で読みはじめますから、遅いくらいのつもりでどうぞ。

＊「象は鼻が長い」　文法学者、三上章《あきら》（一九〇三―一九七一）の著書『象は鼻が長い』（くろしお出版）で有名に。同書で三上は、「は」の作用を詳しく吟味し、日本文法の土台を明らかにしようとした。

＊＊「は」と「が」『私家版　日本語文法』（新潮文庫）の「ガとハの戦い」を参照。

仲間たちの朗読

一組

忘れろ忘れろ

大石　美知代

大学を出た春、教師になった。

学校の一日はおそろしく早い。秒刻みで起こる小事件の数々は、とても覚えていられない。覚えたところで対処しきれない。次々忘れていくよう心をごまかした。

て、

わざわざ「春」を入れると、読み手は「春」がきっと大事なことなのだろうと思ってしまいます。

これを削った方が「早さ」が感じられる。

慣れさせた
しつけた。

気持は分ります。がしかし、「ごまかす」のは、ごまかす余裕も自覚もあるということで、もっと切実なことばがよいと思います。

おだやかすぎます。


毎朝どきどきした。

目や耳から入ってくる子どもたちの姿は、
心に届くまえに追い出された。

そのうち笑うことを忘れた。

記憶のゴミ箱に捨てたはずの葛《かっ》藤《とう》が溢《あふ》れ出し、どうにも蓋《ふた》ができなくなった頃、学校を
から去った。

離れた。

子どもたちの顔はほぼ忘れた。都合の悪い思い出を無理やり忘れていくうち、楽しかったことまでぼんやりしてしまった。

ずっと逃げ腰だった。精一杯向き合わなか

った。胸苦しい本音だけ忘れそこねた。
暇な時ぽっと思い出す。

（講評）詩のような一篇。感心しました。もっと語感を鋭くすれば、うんといいものが書けそうですね。それにはいい小説をうんと読み、呆《あき》れるほどたくさん辞書を引くことです。そのお気持がなければ、つまりお節介をやいていることになりますが。

乗りもの酔いする家族の居ること

岩井敏夫

いつものことだが休日になると何処《どこ》かへ連れて行けと女房子供がしきりにせがむ。時代屋の女房ならぬ車酔いする女房が主謀格であこの三字、削った方がずっとよくなります。

る。さて自家用車を点検し、家族五人乗り込み主人が運転し始めると、家族は何やらアンプル剤を飲み込んだ。酔い止め薬である。「私たち車酔いするから」という訳だ。あとは目的地までずっと寝ている始末。従って、紅葉がきれいね、などと云《い》うことは絶対に無い。あるとすれば、薄ら眼をあけて「具合が悪い」「まだ眠い」「まだ着かないの」などと云う。

往復の帰り道はまだ酷《ひど》い。単なる眠り豚の運搬車となるのである。しかしながら目的地に着いた時の家族は勿論《もちろん》元気になる。食欲は旺《おう》盛《せい》でありよく動き廻る。この時になって主人はただ一人、目的地でこそ休むのである。

この一行、ない方がいいのでは。

神は人に試練を与えると云うが、この試練はガソリン代とお土産を増やしただけである。（す）

乗りもの酔いする家族の居ること、悩みなり。

（講評）突き放してお書きなのでユーモラスな気分がいっぱいです。感心しました。

ダイヤモンド・ジェラシー

S・H

その日の彼女は、トックリ・セーターの首にダイヤの粒をちりばめた金のペンダントを下げていた。右と左の手にはダイヤの指輪を一個ずつ。手首のそれぞれにブレスレットと腕時計をはめていた。どちらも金色であった。

テーブルの向こうで、金とダイヤの二種の光が屈折し交錯した。コーヒー・カップの手もとでアクセサリーが動く。異様に多い。

「やりすぎだよねえ」いかにも悪趣味との思いをあからさまにして私は言った。すると、

「あら、それってジェラシーよ」ダイヤモンド・ジェラシー。にべもない。

意外な言葉を耳にしたとき、心の中ではじ

けるものがあった。確かに蠢《うごめ》いているある感情。そこに言葉が吸い寄せられていった。ジェラシー。この言葉のフィルターをかけて自分を凝視する。私は少なからず困惑しながらも、ある爽快感《そうかいかん》の中にいる。

（講評）作品の域を、はるかに超えています。舌足らずのところもありますが、どこかに物書きの芽がある。少し長いものを（五枚でも、十枚でも）心掛けられてはいかが。

おもち帰り

後藤ルミ子

「またお持ち帰りかぁ、いやんなっちゃう」

削って、ぐいぐい主題を進めるべきです。

　旅行の度に便秘になる。尾籠《びろう》な話で大変恐縮ではあるが。切実な問題なのも本当。

　牛乳も効かない。ヨーグルトを食べてもだめ。では薬は？というと、薬が効きすぎたときのことを考えると怖くて飲む気にならない。いつその瞬間が襲ってくるかわからない。もしその時、近くにトイレがなかったら……。考えるだに恐しい。そのくせ、食欲は頗《すこぶ》るあるのだから不思議だ。ため込むのはお金だけにしたいと思ってみてもしょうがない。

　帰ってしまえば、解消される現金な腹にま

ったくもって腹が立つ。場所が変わるとそこに順応できない、案外神経質な自分の一面を再認識できるといえばいえるが。

旅行するのは大好きなのに、憂鬱《ゆううつ》なことこの上ない。海外旅行の時にはなおさらである。

結局、いつの旅行も、お土産と一緒にお腹《なか》の中身も「お持ち帰り」になるのが常である。

あぁ、重い。


（講評）じつは愚生も同病で、一関へ来てから一度も便通がありません。それはとにかく、とても文章に張りと艶《つや》があります。感心しました。

「涙」

南《みな》園《その》律《りつ》子《こ》

　無くて七癖と人はよく云いますが、私には人の何倍もの癖があり、その中でも泣き虫泣が入っています。話を聞き、テレビ新聞を見て、目がにじむどころでなく頬をつたうどころじゃなく、大粒の涙が次から次えと、したたり落ちます。涙腺《るいせん》の異常とさえ思えて、鏡を見るのですが、外見は何ら変わったところはないのです。

　小学校の教員だった母の担任の生徒が死ん

た時も、夜中に母の泣いてる姿に目を覚まして、一緒に泣き明かしました。小学一年生の時同級生が水死して、先生に連れられて弔問した時も余りに泣いて、まわりの方々を尚《なお》更《さら》悲しくさせて了《しま》いました。

　よく出る私の涙には全く困ります。年を取ると涙脆《もろ》くなるとの言葉を耳にしますが、その時のことを考えるとやっぱり困ります。どうぞ神様今度は、歓喜の涙を流さして下さい。

　書き終って、読み直してみたら、ふがいなくも、又々涙して、しまいました。駄目です。

この追い討ちには、すっかり降参しました。うまいですね。

原子爆弾の天気予報

斎《さい》藤《とう》岳《たけ》丸《まる》

目がチカチカしてくる、頭皮のあちこちがヒリヒリしてくる、全身の皮膚が疼《うず》いてくる、間もなく胃の底からムカムカと吐気《はきけ》がこみあげてくる、アー、又気圧が変わってきた。

「テレビの天気予報を見るともう九州方面に雨の傘マークがある、明後日《あさって》は雨模様だぞ」

まるで雪だるまのように、目だけ残して全身包帯にくるまれ、原爆地広島から復員以来五十年、今日も全身の体調は気圧の変化で苦しみ悩む悲しい天気予報の便利屋である。

　アノ原爆は只《ただ》一発、六千度の高熱は石や鉄も溶かし、瞬時に三十万人を殺傷し、その放射能は今尚、暴《あば》れまくり命や健康を奪っている。

　被爆時のガラス破片が頭皮の下に残留してしびれの原因となっており、放射能の被爆が目や肝臓の不調となって、天気予報ができる。

　完全に治る見込みはもてないとして、未来への夢だけは捨てないように努力の毎日だ。


（講評） 大変な体験をなさいましたね。なのに、それをことさら強調なさらないことが、かえって、重みと深みをつけ加えています。

願わくは

大内武子

「文才」―あ、、この「文才」に恵まれずとても辛《つら》い思いをしている。作家になるためではないし、今流行の「自分史」を書くためでもない。題名にするにはつまらないという「父」を書いてみたいから。

宮澤《みやざわ》賢治生誕百年の今年、イーハトーノ館で思いがけず若き日の父にめぐり逢《あ》った。明治45年盛岡中学寄宿舎卒業記念写真の中に父がいた。賢治の他上級生の方々と共に。

　賢治と同時代に生きた父を書いてみたいと思った。父は45才で戦死。当時私は5才。軍医姿の父しか知らない。五十回忌を済ませ、同級生は勿論《もちろん》もうこの世にいない。青春時代の父を偲《しの》べるのは在学中の資料と写真のみ。

　父の同級生が存命中になぜ書こうという気持にならなかったのかと悔まれる。結局「文才」がないためだ。「文才」さえあれば、たとえ資料が乏しくても書ける筈《はず》だ。

叶《かな》えられない願いと知りながら、それでも
「文才」が欲しい！と切に思う。

（講評）出題に、きちんと答えておいでです。そのことにまず感心しました。文章も、型にとらわれず、生き生きしています。私も五歳で父を失い、父のやりたかったことをやってあげようと思って——父は作家志望でした——この仕事を選びました。なにをやるにも遅すぎるということはありません。思い立ったが吉日、すぐにでもお始め下さい。こういう文章がお書きになれるのですから、大丈夫です。たとえ一行でも一行でもいいのです。

講師　一組評

みなさん、ほんとうにいい文章でしょう。このうち、「ダイヤモンド・ジェラシー」は、ふつうの言葉じゃなくて、物を書く言葉になってますよね。ですから、も、ちょっと直《じか》に語りかけたら、もっと良くなりますね。

最初の方、とても読み方、お上手でしたよ。感動しました。

いま、お聞きになってわかるように、ほんとうに差がないんですよね。みなさん、高い水準にある。残るのは、好き嫌いだけですね。

じゃ、二組の方——。

二組

最後の仕事

高橋　よし子

古川市史の執筆者の一人となり、明治以降の文学史を担当している。自分の書いたものがおおやけの文書となるのは初めての体験であり、老いの身には最後の仕事となるだろう。

　史料も資料も全くない。市の図書館がもっている歌集、句集の類《たぐ》いは近年のものばかりだ。「古川は、昔から文学的には不毛の地だから。」と館員は気の毒そうに言う。

　人間が集まって生活して来た以上、その歴史が書けない筈はないし、万葉以来の詩歌の伝統が、この地にだっていつの時代にも生きていたに違いないと私は思う。

　市の各所をまわって、根気強く資料を探すことにした。現在は、八十歳以上の人々を訪問して、「昔の話」を聞かせてもらっている。

若かった時代を語る時、老人達の顔の、何と輝くことか。そんな折には自分が昔詠《よ》んだ歌、作った句を、はにかみながら口ずさむこともあるのだ。
私の最後の仕事、苦多く進行中である。

（講評）筆蹟《ひっせき》、文章、そして内容、どれをとっても完璧《かんぺき》です。本当に感服しました。お仕事がうまく行きますように。

私が醜くなった理由？

これはない方がいい。

伊藤　博子

洗面所からの前で出てきた祖父とすれ違った。洗

「言う」が衝突しています。どちらかを別のコトバに。

面台の排水溝のところに、たんがいっぱいからまっていた。後で、「ちゃんと流してね。他の使う人のことも考えて。」と注意したら、ただ「ふん！」（つづいて）少し離れた所で、「人のことばり言って。近頃の若いモンは、年寄りをちっとも大切にせん。」とブツブツ言っているの。が、はっきり聞えた。

　母に「おじいちゃん、わたしが注意すると、いつも悪く取って怒る。お母さんから話してよ。」と言ったら（頼むと、逆に）、「家族なんだから我慢しろ。そんな小さいことを気にするなんて、お前の

お母さんの言い方、つまりあなたの気持を分ろうとしない言い方に、じつは腹を立てたのじゃないでせうか。お母さんが分ってくださったら、あなたは美しいままで居ることができた……？

「心の方が汚い。」と言われてしまった。いくら家族でも、不快なものはどうしても不快だ。祖父の行動一つ一つが私の目をつり上げ、顔にはたまりにたまった不満が、青春のシンボルとして〔？〕吹き出している。〈H〉れも私の心が汚いせいか。

〔やはり〕のふりをして顔のあちこちに と思ったりするの

(講評) 具体的で、とてもいいと思いました。おしまいの、一種の屁理屈もかわいらしく思いました。かわいらしくてユーモアがあります。

入れ歯をはずして下さい　　遠藤征広

「入れ歯をはずして下さい。」

女優の島田歌穂にそっくりの看護婦さんが、胃カメラの検査で待つ人たちに注意を促しました。

ここは、Y大学医学部附属病院の一室。健康診断のチェックで、精密検査が必要になりました。胃カメラを飲むぐらいは簡単と安易に、ここまで来たのですが……

隣で待つ初老のおじさんは、口からピンク色の入れ歯をやおらとり出しました。その隣のおばさんも手を口へ持って行き、ピンク色の入れ歯を出そうとしている最中です。私の正面のおじいさんは、既にとった入れ歯をハンカチにていねいに包む最中です。

　実年齢は三十歳でも見かけは二十歳《はたち》。その私がここで、美人看護婦さんの前で、大切な入れ歯を出したら笑われそうで、出せません。そのまま帰って来ました。

心も体もムシバまれています。

（講評）ふーん、遠藤さんは入歯だったんですか。その伏線（売り）が前に軽く張ってあれば（すごくむずかしい。これは）さらに完璧。遠いところをありがとう。文章は上等。

ここはじつによく書けています。

ここから始めては如何《いかが》？

一字下げて書く。

心の豊かさを求めて

芳賀紘子

「悩み」とは人生のスパイスである…このごろようやくそう思えるようになりました。

父の死が「悩み」の持つ重みを軽さに変えてくれたのです。軍人としての戦争で（に出て）腰の骨が変形し歩けなくなった父は、老衰が激しく歩けず、話せず、食べられず、自分の筋肉をエネルギーにしつつ餓死状態の中、骨と皮ばかりで亡《な》くなりました。壮絶な生と死との6ケ月の戦いは、まわりの人々に深い悲しみと共に「悩み」の小ささも教えてくれたのです。

「亡き友にいのちもらいて春叙勲」

父の句です。八月二十六日、享年《きょうねん》八十三才で

a、この世から
b、現世を

旅立ちました。

生と死を見つづけた今、自分のキャパシティがわかったこれからの人生をどのように心豊かに生きられるか……深い悩みです。

たくさんの感動で心をうるおし、他人への思いやりを持ちつつ「悩み」をスパイスにし、人間味豊かな人生はどのように送れるか？

こんな「悩み」ぜいたくでしょうか？

（講評）文章に、ややゴツゴツしたところがあります。けれども、重い内容なのに、じつに読みやすく書けています。感心しました。

息子の悩み

藤沢浪子

東京で一人暮らしの息子は、クラシック関係の歌手として十年と少し過ぎた。ここ二年間程は、この不況でギャラが遅れ気味となって半年前の分も未払いである。貧乏歌手はなかなか結婚相手も見つからず、生活するには次次と入る仕事も受けなければならない。

先日、無理をしたようで風邪から肺炎にな

り、診察を受けたら、すぐに入院させられたと、五日目にその入院先から電話があり、びっくりしてしまった。

　他の事は殆《ほとん》ど出来ない息子で「つぶしが利《き》かない」とはこのような事かも知れない。

　本人は「金持ちや一流にはなれないが、やりたい」と言って、猛反対の父親と「好きな道なら貧乏も納得するのでは」と言う母親とを残し上京、この道に進んだ。

　親が老いた為《ため》もあるようだが、この頃の電話で「もったいないが、仙台に戻り、仕事を変えようかとも考えている」と迷っている様子。今、大きな心配をかかえている。

（講評）とても頑丈でしっかりした文章です。手を入れねばならぬ所は、ただの一字もありません。よい筆蹟で、その上、丁寧にお書き下さってありがとうございます。

ご子息のこと、さぞご心配でしょうが、やはりすべてはご本人のお気持次第ですね。この世から去る瞬間、「自分の一生は、これでよかったのだ。自分は生きた、生き切った」とニッコリできるなら、どんな一生でも、それは一個の立派な一生です。そのことを考えて考えて考えつくすべき秋《とき》なのでしょうね。

可愛《かわい》い夫

熊谷美千恵

夫と別れたいと密《ひそ》かに考えているのを夫はまったく知らない。

一緒になって十年間は夫のいいなりだった。夫の意見は私の意見、私の意見はほとんど取り合ってもらえなかった

選挙も夫が命令する人~~を~~に素直に投票した。私には、夫が絶対の存在だった。

子供の学校行事に参加するようになって私は自分の意見を持っていないことに気づいた。自分で考えるくせがついていないのだ、とても恥ずかしかった。

この頃から何事も自分で良く考えることにした。図書館を利用していろんな本を読んだ。

　だんだん夫のいうなりには動かなくなった。夫から見れば裏切りとしかみえなかったのだろう。「おまえは屁理屈《へりくつ》を言うのか、下らんだまって俺の言うとおりにしていれば間違いないのだ」と、のたまった。

　悪いことは妻のせい、良いことは夫と領分が決まっていた。

　子供が成人したとたん我慢の許容量に限界がきた。ほとほとあいそがつきてきた。一人でゆっくりしたい　文句を言われず旅行したい。しかしお金がない。

夫の定年退職まであと五年。定年離婚を目《もく》論《ろ》んでいるのに夫は何も知らずに熱心に鼻毛を抜いている。

私の気持を少しでも分かってくれたら思いとどまるのに。

猶予《ゆうよ》は五年、悩んでいる。


（講評）これは傑作です。御主人がちょっと可哀想《かわいそう》ですが。

講師　二組評

みんないい文章ですね。時間の都合で、ここに上がって朗読していただけない方の文章も、全員、レベルに達しています。

繰り返しになりますが、ここで読んでもらっているのは、これだけが「いい文章」だからではありません。これは読んでもらいたいな、というのを外したりもしています。
では、三組のみなさん、どうぞ。

三組

「今いちばん悩んでいること」

皆川和子

井上先生、私ね、かわいいおばあちゃんになりたいの。

今、五十才を目前にして、何もない自分を発見しました。そしてそれが一番の悩みとなりました。渡辺先生が、口べたでいい、それでは何かお書きになったらと声がけなさったのがとても新鮮に心に止まりました。長生き出来たら何か書きたくなる時が来るかも知れないなあと思いこの講座へ出席しました。

　一つの事に打ち込んで自分らしさを生きていらっしゃる方に出合うと、その道の苦悩はあるでしょうけど皆輝いて見える。

　任された仕事に打ち込んで仕上げるのも、きらいではないけど（医療事務）九十才までもはやれない。

　とにかく、今を一生けんめい生きて、何か

を見つけ、打ち込み、かわいく年を重ねていきたい。花づくりか野菜作りもいいかな布細工もいいなあ今とにかく自分の時間がほしいなあ。

　井上先生、やっぱり、作文だけは無理のようですね

（講評） そんなことはありません。お気持が流れるようにスラスラと書けています。この自由さ、この軽み。きっとかわいいおばあちゃんになれます。

女の城と王様

髙橋泰子

　それは思いもよらない結末であった。

　十数年ぶりに単身赴任生活から解放された夫のために、狭い玄関をあふれるような花で飾り、彼のお気に入りのお酒と、好物の海の幸を食卓に並べて、私は高二になった娘とその日を祝った。

　ところがである。日が経《た》つにつれて異質な空気が漂っていて、どこか落ち付かないのだ。

　寝起きからの演歌、長さん贔屓《びいき》の野球狂、懲《こ》りずに発するオヤジギャグ。単純ネアカの三枚目は、どこも変わっていないのに……。

この個所、やや未整理。今のまゝだと、削った方がよいかもしれません。

「?」「!」の次は一字空きという習慣になっています。

私だって、娘だって変わってないわ。
そうか！長い間城を留守にしていた王様は、確かにあったはずの自分の椅子《いす》を、いつの間にかガッシリ仕組まれた女の城で、ウロウロ探し回っていたのか……。
やがて王様は、自分の椅子を見つけてドッカと腰を下ろした。両脇《わき》に召使いを従えて。
今二人の召使いが、本当に心を休められるのは、王様が出張した日だけである。

（講評）注文をつけましたが、しかし、じつにおもしろい「作品」に仕上がっています。とても感覚《センス》（文章に対しての）がいいですよ。

「悩みはなんでも一一〇番」

高橋多恵子

前回の母に続き、今回も先生は予想外の味なテーマを宿題にされた。

生死に係わる悩みを抱えた人間が、のんびり「作文教室」に来る筈《はず》もなく転んでも只《ただ》では起きぬ先生の事何か魂胆があるに違い無い。

三晩も寝ずに考えられたテーマに実はと衝撃の告白をし、すっきりしたいのだが、取り立てててこれと言った悩みも無い。

昨日は「阿呆《あほ》か？」と思われたくなくて異

議を申し立てなかったが、現状にほぼ満足している。

この町に親類縁者とて無く、早晩天涯孤独になる身の上に一級の障害というおまけつきとくれば明日にも首吊《くび》つりでもしなければならないのだが、生来クヨクヨ悩まず忘れっぽく出来ている。

世間から明るく脳天気な人と見えるらしい我が家には種々悩みのある人が愚痴をこぼしにやって来る。

役立たずの爺《じい》さんの顔を見るのも嫌だという

隣りのおばちゃんには「若い時のいい男振りを想《おも》い出せ」と言い、停年になった無趣味のダンナをこき降ろす山ノ手の奥様には「健康でいるのが何より一番」と言ってやり、五十男の独り者には時に発破をかけ、時には優しく慰め電話の長い愚痴話にもつき合う。

妻に先立たれた爺さん達にはエロ話も混ぜて笑わす。

悪友からは近くの法華《ほっけ》寺の別院の看板を上げたらどうかと茶化される始末。

こんな塩梅《あんばい》で先生の「作文教室」に通える

幸福を想《おも》えば悩みなんざあどっかへ飛んでしまえ。

（講評）自由自在な精神がそのまま文章になっていて、とても愉快です。のびのびとしたいい文章、中味も生き生きと弾んでいて、本当に感心しました。

「金八先生」は自分の夢を見るか

題名、感心しました。

池亀洋一

放課後には日に六件の進路相談。日曜日には部活動。午後九時前の帰宅はわずかに二日。睡眠時間は平均して五時間ちょっと。息子との対話はほとんどゼロ…。これが中学三年生を受け持つ私のこの一週間の暮らしぶりです。

　少しでも「いい仕事」をしようと頑張れば頑張るほど「自分の時間」が減っていく。職員室でのんびり煙草《たばこ》をふかしている同僚との溝は深まるばかり。（子どもたちのために、と思ってやっていることは、もしかして「余計なこと」なのだろうか。）

　でも、「先生、不安なんです…」と涙ぐまれれば、応援団になりたくて一時間でも二時間でも電話をかけるんですよね。「何か、わかった気がする」のひと言のために、居残り勉強にもつき合ってしまうんですよね。
　お金や時間にはかえられない「何か」を得ているる気は確かにするんですが……。うーんやっぱり、今は──「この仕事、続けるべきか、続けざるべきか、それが問題だ！」

（講評）いい字ですね。それに文章が跳ねて弾んでいます。すっかり感心してしまいました。先生の一所懸命さ、きっとむくわれる日（先生の努力を教え子が理解する日）がきます。私たちにも、先生のような方がおりましたから、よくわかります。

　弟よ
　　　　　　　　佐藤幸平
弟は四十四歳、いま、都内のある病院で病

床にある。あと数ケ月の命と告げられている。

　八年前に脳腫瘍《のうしゆよう》が発見され、手術を行ない、その後も二回頭を切開した~~ている~~。初めの手術の時、医者に五年位の生存ですと説明され、私は~~自分が~~これまでにない涙を流した。でも、医者にも間違いがある。もしかしたら、十年、二十年、いや一般の人と同じ位生きるかもしれないとも考え~~をめぐらし~~た。

　父は、四十五歳の時肺ガンで亡《な》くなっており、弟は、「性格からみて、兄貴の方が病気になると思ってたよ」と言ったことがある。

楽天家で自由奔放な弟である。でも、仕事が忙しく、休日の勤務も繰り返していた。

　病気になってからも、仕事は続けていたが、たまに田舎に帰り、釣りを一番の楽しみにしている。生まれ育った山、川が忘れられず、子供の頃かけ回った自然が、何よりの宝物として残っているのだろう。最近は、数年前までは記憶にあるが、昨日、今日のことは忘れるようになってきた。

　幸いにも、病気になる前から付き合っていた彼女と結婚し、二人の女の子に恵まれた。

月二回程見舞に行くが、この二人を見るのが楽しみである。そして、その成長を温かく見守ってやりたい。自分に出来ることは、それしかない。

　身内で病気の者がでると、いろんなことが起こる。ささいなことで口論になったり、気まずいことが生じる。そして、その都度感じる。弟のいまの状態を考えると何たることかと。

　人の一生は、喜び、悲しみ……うよ曲折である。そして、正に、人生は苦の娑婆《しゃば》である。

（講評）弟御さんへの、静かだが、強い愛が、読む者の心へ、ぐいと貫いてくるのを感じました。どこもおかしなところはありません。感心しました。

冬の家

竹田又右衛門

古い大きな家にまた冬がやってくる。家も大きければそれなりに周囲の樹木もあって、雪国とあればそれらの「雪囲い」もまた大変だ。毎年毎シーズン、「どうしてこんな家に生れたんだ」と不平をかこつが、状況は一向に改善されず今に及んでいる。

すゝけた壁には、その昔蚕を飼っていた時

代の名ごり、蚕棚の竹竿《たけざお》をぶつけた痕《あと》がところどころに残っている。よく見ればまゆの一つや二つは残っていそうだ。蚕を飼うことは太平洋戦争の前で終ってしまったが、最盛のころには蚕が桑を食べる音が、まるで雨の音のように聞えたものだ。

「イエ」はそこに生れた人の性格を作ってしまうものだとつくづく思う。荒れはてた庭や煤《すす》けた壁の家に暮らして六十年。いまの状態を決して良いと思っているわけでもないのに、時間はとうに過ぎ去ってしまうのだ。

（講評）題名もよく、文章には一分のスキもなく、しかも短い字数のうちに、過去をよみがえらせ、未来をも視野に入れ、しかも、光景がはっきり眼前にひろがります。完全に脱帽、さすがです。はるばるとよくお越し下さいました。深謝。

講師　三組評

この竹田さんの文章は、今回、読んだ文章のベスト3だと思いました。ま、わたしの趣味にあった、ということですね。

それでは四組、お願いします。

四組

社長、しっかりしてよ！

伊沢　真紀子

　私の勤務する会社は、従業員四名の小さな会社であるが、「総合企画」という看板を掲げていることから、仕事は実に多種多様。

　社長は女性である。弱冠39才、人目を引く美《び》貌《ぼう》と巧みな話術で、世間ではやり手で通っているらしい。夜は自らが経営する居酒屋のママに変身するため、本来の営業の仕事に身が入らず、業績は下がる一方である。「ここで何とかしないと、本当に会社の存続が危いですよ」と言っても、全く耳を貸さない。

　自他共に社長の右腕と言われる私を信頼し

任せてくれるのは有難い~~けれど~~が、社長自らがもっと本気で会社の将来を考えてくれないと、私自身もヤル気が起きないのだ。とは言っても、いつも仕事のことが頭から離れず、「社長さえもっとしっかりしてくれれば……」と、言葉に出せない思いに悶《もん》悶《もん》とする日々を送っている。

（講評）少ない分量なのに、女社長さんの人柄、会社の様子、伊沢さんの気の揉《も》み方が、なぜか目前に泛《うか》ぶからふしぎです。軽みの中に、正確さがひそんでいる文章だからでしょうね。少し腰を入れて、何か書いてみて下さい。

題名、うまい！　さすがですね。

継母《はは》の始末

小野一也《おのかずや》

「だから入籍しなければ良かったのよ」と妹が言った。父の死後八年間田舎で一人暮らしをしている継母《はは》の体具合のことを、「私たち夫婦が秋田に行くか、仙台に連れて来るかを決断しなければならないのだが、出来ずにいる」と電話で教えてやった時のことである。

母が死んだ翌年から父と一緒に暮らし始めていた女《ひと》を私が入籍させた。「歩けなくなった父を看病するようになって九年、母が死んで十七年も経《た》ったことだし、父も望んでいるので」と言った私に、「父さんに殴るけるの乱暴をされて不幸なまま死んだ母さんとその女を一緒の墓に入れることになる」と入籍に強く反対した妹は「入籍させなければ今になって悩むことなかったのに」と私を責めた。

妻が、占い好きの友達に手相を見てもらったら「悩み事は一つ。それは母親のこと」と言われた、とびっくりしていた。私も手相を見てもらったら同じことを言われて占いを信じるようになるのだろうか。

（講評）莫大《ばくだい》な情報量を、よく四百字におさめました。いつも〱いい文章をお書きになりますね。ただし、初めの六行は、情報《コトガラ》をやや詰め込みすぎたような気がします。八行ぐらいは必要だったかもしれません。

やっかいなお腹《なか》の脂肪

K・S

「今年は、L《エル》が二ツのパンストにする。」と私が娘に言った時、「ウヒャッ」と娘が笑った。そうなのだ。十月いっぱいは、まだ、パンストを穿《は》かないでも済むけれど十一月の今となってはどうしてもこれを穿かなくては

これは削った方が

とても寒い。身長百五十センチ、体重五十三キロ。立派な肥満体のおばさんである。この頃とくに下腹部に脂肪がついた。この脂肪が、まことにやっかい。ウエスト七十二センチのスカートの下で襞《ひだ》になって収まっている。夫が逝《い》き、二人の子供も独立して居て、一人暮らしの気ままな生活を決めこんでいる。日常生活で人と接しないということは、緊張感や相手へのわずらわしさがない分、自分をルーズにする。食べたい時、食べて、寝たい時、眠る。しかし、誰にも何とも言われない。か

このあたり「なるほど」です。

くして私は豚になった。淋《さび》しい女は、よく太る。それが私のことだ。ああ、今日も、お腹が苦しい。

よく思い切ってここまで言えましたね。

（講評）最後の一行は、それこそ「余計な脂肪」です。パチンと言い切った方が、Kさんの文章に適《あ》います。生き生きしていて元気がよくて、感心しました。

象は鼻が長い

阿部　洋子

ああ、本当に日本語を理解して話しをしているのだろうか……。

近所に住んでいる中国人と友達になった。

一緒に話をしていると、思わぬ質問にあう時がある。

「これはりんごです、と、これがりんごです、どこが違いますか？」

答えを探してみるが、はっきり言ってわからない。無意識に使いわけをしているようなる気がする。しかし、説明を求められても答えられない！　頭の中は混乱状態だ。

日本語検定試験1級合格の、別の中国人の友人は、日本語の先生から「象は鼻が長い」という文を教えられて、その違いを理解したそうだ。
　しかし、私といえば、その文を聞いた今でも、よくわかっちゃいない。
なのに今日も日本語をしゃべり、文を書いたりしているのであった……。

現在もつづいているのですから、「物語」として閉じてしまうのはどうかしらん。

（講評）うまいです。本質的です（なにしろ、これは日本語の勉強講座なのですから）

自分史

H・T

　自分史『生かされて生き、万緑に老ゆ』というラジオ放送を聞いて、私は感動した。

　内容は、開拓団として満州に移民し、ソ連軍の侵攻により略奪、集団自殺という悲劇を経験して、無事日本に帰った話しだった。

　私も十六歳のとき、神戸港から船で満州に渡り、満鉄社員として駅に勤務していた経験があった。

　そんな訳で、自分史に興味を持ち書いて見ようと思った。併し、いざ書こうとすると、高等小学校卒の私は、句読点、段落のつけ方も知らなかった。

しかし、とかなにかにした方がいいと思います。

　近所に、退職した高校の先生が居たので、

教えを乞《こ》うと思っていたとき、「井上ひさしの作文教室」があることを新聞で知った。
　私の家族構成は、私の妻と、長男夫婦の四人で、食堂と旅館を経営している。現在、店舗を新築中で日々多忙であるが、家族の協力で入学することになった。七十二歳の生きた証（あかし）を残し、子孫のメッセージにしたい。

〈講評〉文字は達筆、文章によどみなく、立派です。ぜひ「自分史」に着手なさって下さい。先生におそわることなどありません。

娘とのこれから

これはない方が…

石村恵子

娘二十一歳、知的障害がある。

彼女とのこれからを思う時、私の心にはさっと翳《かげ》りが走る。

改行

「色白の大きな女の赤ちゃんですよ」郷里の小さな寺に嫁ぎ、やっと恵まれた長女は、四歳になっても言葉の数が増えず、生まれつきの知的障害があることがわかった。IQ三十七、すでに下には双児の息子達が生まれていて、めまぐるしい育児の中での事だった。

「お母さん、お母さん」と不安になるとただ泣き叫ぶ娘に、義務教育の間は親元から離さないことに決め、地元の小、中学校で学ばせようと、関係者の間を奔走し、実現した。

そして卒業、「お母さん、私も高校へ行きたい」当然のように言う娘に、思いきって隣の県の養護高等学校を選んだ。娘が静かに寝息をたてている時だけが安らぎの時と言える位、ぴったりと寄り添って来た私にとっても、寮生活で、娘を他人様の手に委《ゆだ》ねることは大きな冒険だった。

本科三年、専攻科二年、都合五年間、温かく優しい先生方と同じ様な娘達との、楽しい思い出を沢山作って、娘は十四年間の学校という保護された社会から再び帰ってきた。

「私、結婚は無理だよね」まもなく「結婚って何」とくる。簡単な読み書きはできるが、計算はほとんどできない。家事も誰かが側《そば》にいなければならず、一人では任せられない。

娘の尻《しり》を叩《たた》き続けてきた私も、もう若くない。娘のあるがままを認め、少ない愉《たの》しみを大切にその幅を広げてやろうと思っている。

先月、娘のために沖縄旅行をした。
「お母さん、良かったね、また行こうね」
くり返す娘の言葉に満足しながらも、心のどこかにやはり、暗い翳りがあるのを否定できない。

（講評）文章はキズがありません。内容は私にさえ切実です。「現実をあるがままに受け容《い》れる」という境地まで考え抜かれたことに敬意を表します。しかしやはり心配がのこりますね。お嬢さまたちを受け止めてくれる国づくりが必要です。

読み手を惹《ひ》きつけるところがあって、いい題名ですね。

完結編は書かねばなるまい

鈴木きぬ絵

「てらてら」という表現、いいですね。

抽《ひ》き出《だ》しに眠ったままの原稿がある。

「スッコロンコツとメンコツとポンコツのはなし」と題した物語の原稿だ。題名にあるスッコロンコツ、メンコツ、ポンコツは、共に、椿《つばき》の木の下に棲《す》む妖《よう》精《せい》の名である。

椿は一年中てらてらと葉が繁《しげ》り、湿り気を帯びた木の根元は、だんご虫や、げじげじなどの恰《かっ》好《こう》のたまり場で、そこは同時に子供たちの遊び場であり、虫は友だちだった。

「スッコロンコツ……」の物語は、十歳と

五歳の兄弟が、虫たちの他に妖精までを登場させ、連れだって椿の根元の虫の栖《すみか》を辿《たど》り、冒険するという筋書で、自分たちの物語として、兄弟の合作で書きはじめられた。
　兄弟は物語を未完のままに青年になり、未完のままに二十歳と三十歳でこの世を去った。

　完結編は、私が書かねばならないだろう。

この兄弟は、私の息子たちである。

（講評）最後の一行に、悲しい、そして辛《つら》い衝撃を受けました。どのようになさって悲しみを乗り越えなさったか、……それを思うと言葉がつづきません。とても、いい字をお書きです。その字で、どうぞ物語を、世界でたった一つの物語を御完成下さい。御健筆を祈ります。この文章なら、大丈夫、おできになります。

おしまいの講評

人間は書くことを通じて考えを進めていく生き物です。

みなさん、ほんとうにいい文章をお書きくださいました。この作文教室の冒頭で、みなさんのお書きになる題材が重なるのではないかという、人を見くびったことを言ってしまいましたが、みなさんのお書きになったものを拝読して、お一人お一人がいろいろな悩みや問題、困ったことを抱えていらっしゃる。つまり、一人として同じ人間は、この世には存在しない。それぞれが違って、なおかつ、人間として、大きな共通の気持ちで生きているんだなということが、よくわかりました。

あたりまえのことにあらためて気がつくというのも迂闊《うかつ》な話ですが、みなさんの文章を読んで、人はさまざまなところで、一生懸命、悩みながら、困りながら、しかし頑張って、頑張って生きているんだな、ということを、今回は身に沁《し》みて感じさせられました。そういう勉強をさせていただいたことに、わたしの方から感謝を申し上げます。

みなさん、文章はもう、ほんとうに大丈夫です。

ただ、こういう宿題になりますと、もちろん無理やり、書かねばならぬ、ということで頑張ってお書きになったわけですが、これを日常の習慣にするという次の段階が待っています。

つまり、今回お書きになったレベルの文章を毎日書かなきゃいけない、というのが、次のステップです。そのステップへ、一歩、踏み上がるかどうかというのは、みなさん、それぞれの自由でして、わたしがここでこうしなさい、ああしなさいということではありません。

しかし、みなさん、しっかり文章をお書きになった。ということは、しっかり考え、書いたということです。

書いては考える、考えては書く。そうして一歩ずつ前へ進みながら、ある決断を自分で下していく。

人間は書くことを通じて考えを進めていく生き物です。書いたものを世間に発表するかどうかは別として、物を考える一番有効な方法――それは「書く」ことであることを確認して、わたしのお話を終えたいと思います。

みなさん、どうもありがとうございました。（大きな拍手）

卒業式

三日間にわたる「井上ひさしの作文教室」は、朗読劇で「劇的」に閉幕。このあと卒業式。三日間の全講座に出席した仲間たち全員に、「文学の蔵」教務主任の手から修了証書が手渡される。

井上ひさしの作文教室

修了証書

殿

「文は人なり」といいます。あなたはその「文」に多大なる関心を持ち、当講座「井上ひさし作文教室」に金銭を惜しまず入学、四講座全部に出席、立派に修了されました。よって、ここに修了証書をお贈りいたします。当教室で学び得たものを基礎に、「文」と「人」とをさらに磨き上げ、すばらしい人生をお送りください。

年　月　日

校長　井上ひさし

文学の蔵設立委員会
会長　三好京三

最後にもう一言

恩送り

みなさんに感謝申し上げます。わたしもずいぶん勉強させていただきました。これはもう貸し借りなしです。別にわたしが教えたとか、みなさんがわたしから教わったということではなく、わたしはわたしとして、みなさんの文章を読んで勉強したわけです。

こういう作文教室を開くからには、井上のやつ、アイデアを盗もうとしてるんじゃないか、という方も以前、いらっしゃいましたが、人から盗んだもので作品はできません。長期記憶は人それぞれですから、書いているうちに、やはり気に入らなくなるんですね。人の真似《まね》をするということは、入り口ではたやすいんですが、仕事を進めていくと、これは全く不可能なんです。人のアイデアを借りて、いいものを書くことは不可能なんです。

わたしもそう題材に困っていません。妻に逃げられたときの、あの悲しさと解放感……あれなんか、まだ書いてませんからね。（爆笑）

みなさんがお書きになったように、みんな一人ひとり、大きな谷や山を越えながら生きていくわけです。だから、みなさんもわたしも、題材に不足するということはありません。

わたしは、この一関にたいへんな恩を受けたわけです。百五十日間、ほんとうに温かく迎えていただいた。一家、路頭に迷わず、なんとか生きつづけることができたんです。

わたしは「恩返し」の代わりに、江戸時代ふつうに使われた「恩送り」という言葉で申し上げたいのですが、わたしなりに一関のみなさんに「恩送り」をしたい。

「恩送り」というのは、誰かから受けた恩を、直接その人に返すのではなく、別の人に送る。その送られた人がさらに別の人に渡す。そうして、「恩」が世の中をぐるぐるぐるぐる回っていく。そういうものなのですね。

それだけのこと。なんの魂胆もありません。

わたしも書く時間が残り少なくなってきました。あと十年も書ければと考えたり、できたら、十三年、あと十四年は、と考えたりしますが、十五年は持たないと思っています。

頭のなかには書きたいものがいっぱいあります。それをし終えて、頭のなかをからっぽにして死んでいきたい。そのためには一分、一秒、寸暇を惜しんで書いていかなければならない。

しかし、わたしがお世話になった町のみなさまにお役に立つことであれば、わたしはなんでもやります。それで短編小説の一編分、芝居の一場分の時間はなくなっても、お礼をして回りたいと思っています。「お礼巡礼」ということでしょうか。

機会があれば、みなさんの愛想が尽きないかぎり、またお邪魔します。よろしくお願いします。（長く続く拍手）

あとがき

及川和男

　この「作文教室」は、一九九六年十一月十五日から十七日にかけての三日間、岩手県一関市で開かれました。そのときわたしは、主催者挨拶《あいさつ》という立場で、はじめとおしまいに、井上ひさしさんにお礼を述べたのですが、そのときほど自分の言葉の無力さを感じたことはありませんでした。そして、この文章においても同様です。

　これまで四回、井上さんにはまったくのボランティアで、「文学の蔵」の建設基金づくりのための講義をしていただいております。日本一忙しい作家である井上さんを、三日間にわたって「拘束」して、まったく無報酬というのですから、どんな言葉の達人でも、それに見合ったお礼の言葉なぞさがせるはずもないのです。しかも今回は、「共に学んだ作文教室」ということなら、というありがたいお許しのもとに、この本を編ませていただいたのです。ただただ、ありがとうございますと申し上げるほかありません。

　まったくこんな稀有《けう》な、例外の書が成ったのは、井上さんのおっしゃる一関への「恩送り」の真心によるもので、わたしたちは一日も早く「文学の蔵」を建てることでお返しをしなければと切実に思っています。

幸い、井上さんが中学三年のときに住まわれた土蔵のあった近くに、島崎藤村や幸田露伴、北村透谷などが寄寓《きぐう》した豪商の土蔵が二棟残っており、それを活《い》かした建設プランを、わたしたちは実現に向けて努力できる段階を迎えています。いっそう力をこめていくつもりです。

この本は、井上ひさしさんの講義録音をもとにしておりますが、文責はすべてわたしどもにあります。また、作文を発表した仲間たちの井上さんの指導添削入りの作品も収録しました。質疑応答も収録しました。

そして、「＊」印の編注を付けました。これは、復習あるいは発展学習のために、井上さんのご著作等と「共に学ぶ」という思いからのことで、読者のみなさんには、ぜひ関連書をわきにおいて、読んでくださるようにお願い申し上げます。

いろいろ至らないところの多い編纂《へんさん》になっているのではと心配ですが、文章を書くうえで、じつに宝函《たからばこ》のような内容であることは疑いありません。できるならばこの宝函、こっそり自分だけで開けて「得」をしたいと思うほどですが、一四一人の受講生たちだけで独占するのは申しわけないと、広くみなさんに「恩送り」にした次第です。

井上ひさしさん、まことにありがとうございました。

（平成十年五月、「文学の蔵」代表）

文学の蔵について

岩手県一関市は、井上ひさしさんが中学三年生のとき、半年間をすごしたほか、島崎藤村、北村透谷、幸田露伴、加藤楸邨《しゅうそん》、色川武大《たけひろ》ら多くのゆかりの文学者がいます。出身者で現在活躍中の作家も十指を超え、地方小都市では珍しい文学風土のまちです。国語辞書『言海』『大言海』の著者、大槻《おおつき》文彦の実家も一関にあります。

そこで「文学」をキーワードにする拠点「文学の蔵」をゆかりの地につくろうと、平成元年、市民有志が文学の蔵設立委員会を結成。建設に向けて文学関連のさまざまなイベントを展開しています。

井上さんはその強力な助っ人《すけと》で、平成二年、四年、五年、そして今回の平成八年と、計四回、一関で日本語と文章にかかわる講座をボランティアで開いてくださいました。

この作品は平成十年六月本の森より刊行された。

大野 晋著
日本語の年輪
日本人の暮しの中で言葉の果した役割を探り、言葉にこめられた民族の心情や歴史をたどる。日本語の将来を考える若い人々に必読の書。

北 杜夫著
どくとるマンボウ航海記
のどかな笑いをふりまきながら、青い空の下を小さな船に乗って海外旅行に出かけたどくとるマンボウ。独自の観察眼でつづる旅行記。

北 杜夫著
船乗りクプクプの冒険
執筆途中で姿をくらましたキタ・モリオ氏を追いかけて大海原へ乗り出す少年クプクプの前に、次々と現われるメチャクチャの世界！

北 杜夫著
楡家の人びと
毎日出版文化賞受賞（上・下）
楡脳病院の七つの塔の下に群がる三代の大家族と、彼らを取り巻く近代日本五十年の歴史の流れ……日本人の夢と郷愁を刻んだ大作。

遠藤周作著
十頁だけ読んでごらんなさい。十頁たって飽いたらこの本を捨てて下さって宜しい。
大作家が伝授する「相手の心を動かす」手紙の書き方とは。執筆から四十六年後に発見され、世を瞠目させた幻の原稿、待望の文庫化。

大江健三郎著
私という小説家の作り方
40年に及ぶ作家生活を経て、いまなお前進を続ける著者が、主要作品の創作過程と小説作法を詳細に語る「クリエイティヴな自伝」。

川端康成
三島由紀夫著

**川端康成
三島由紀夫 往復書簡**

「小生が怖れるのは死ではなくて、死後の家族の名誉です」三島由紀夫は、川端康成に後事を託した。恐るべき文学者の魂の対話。

倉橋由美子著

パルタイ

女流文学者賞受賞

〈革命党〉への入党をめぐる女子学生の不可解な心理を描く表題作など、著者の新しい文学的世界の出発を告げた記念すべき作品集。

小林秀雄著

Xへの手紙・私小説論

批評家としての最初の揺るぎない立場を確立した「様々なる意匠」、人生観、現代芸術論などを鋭く捉えた「Xへの手紙」など多彩な一巻。

小林秀雄著

作家の顔

書かれたものの内側に必ず作者の人間があるという信念のもとに、鋭い直感を働かせて到達した作家の秘密、文学者の相貌を伝える。

小林秀雄著

ドストエフスキイの生活

文学界賞受賞

ペトラシェフスキイ事件連座、シベリヤ流謫、恋愛、結婚、賭博――不世出の文豪の魂に迫り、漂泊の人生を的確に捉えた不滅の労作。

小林秀雄著

モオツァルト・無常という事

批評という形式に潜むあらゆる可能性を提示する「モオツァルト」、自らの宿命のかなしい主調音を奏でる連作「無常という事」等14編。

梅原　猛著

隠された十字架
―法隆寺論―
毎日出版文化賞受賞

法隆寺は怨霊鎮魂の寺！　大胆な仮説で学界の通説に挑戦し、法隆寺に秘められた謎を追い、古代国家の正史から隠された真実に迫る。

梅原　猛著

水底の歌
―柿本人麿論―
大佛次郎賞受賞（上・下）

柿本人麿は流罪刑死した。千二百年の時空を飛翔して万葉集に迫り、正史から抹殺された古代日本の真実をえぐる梅原日本学の大作。

梅原　猛著

天皇家の〝ふるさと〟日向をゆく

天孫降臨は事実か？　梅原猛が南九州の旅で記紀の神話を実地検証。戦後歴史学最大の〝タブー〟に挑む、カラー満載の大胆推理紀行！

梅原　猛著

歓喜する円空

全国の円空仏を訪ね歩いた著者が、残された絵画、和歌などからその謎多き生涯と思想を解読。孤高の造仏聖の本質に迫る渾身の力作。

円地文子訳

源氏物語
（一～六）

永遠の名作『源氏物語』。原作の雅やかな香気と陰翳が、女流ならではの想像力と円熟の筆で華麗によみがえる。現代語訳の決定版。

江藤　淳著

決定版夏目漱石

処女作「夏目漱石」以来二十余年。著者の漱石論考のすべてを収めた本書は、その豊かな洞察力によって最良の漱石文学案内となろう。

宮木あや子著
花宵道中
R－18文学賞受賞

あちきら、男に夢を見させるためだけに、生きておりんす――江戸末期の新吉原、叶わぬ恋に散る遊女たちを描いた、官能純愛絵巻。

白洲正子著
両性具有の美

光源氏、西行、世阿弥、南方熊楠。美貌と知性で名を残した風流人たちと「魂の人」白洲正子の交歓。軽やかに綴る美学エッセイ。

野々村馨著
食う寝る坐る永平寺修行記

その日、僕は出家した、彼女と社会を捨てて。曹洞宗の大本山・永平寺で、雲水として修行した一年を描く体験的ノンフィクション。

高山文彦著
「少年A」14歳の肖像

一億人を震撼させた児童殺傷事件。少年Aに巣喰った酒鬼薔薇聖斗はどんな環境の為せる業か。捜査資料が浮き彫りにする家族の真実。

末木文美士著
日本仏教史
―思想史としてのアプローチ―

日本仏教を支えた聖徳太子、空海、親鸞、日蓮など数々の俊英の思索の足跡を辿り、日本仏教の本質、及び日本人の思想の原質に迫る。

南直哉著
老師と少年

生きることが尊いのではない。生きることを引き受けるのが尊いのだ――老師と少年の問答で語られる、現代人必読の物語。

色川武大著　うらおもて人生録

優等生がひた走る本線のコースばかりが人生じゃない。愚かしくて不格好な人間が生きていく上での“魂の技術”を静かに語った名著。

深田久弥著　日本百名山

読売文学賞受賞

旧い歴史をもち、文学に謳われ、独自の風格をそなえた名峰百座。そのすべての山頂を窮めた著者が、山々の特徴と美しさを語る名著。

松本修著　全国アホ・バカ分布考
―はるかなる言葉の旅路―

アホとバカの境界は？　素朴な疑問に端を発し、全国市町村への取材、古辞書類の渉猟を経て方言地図完成までを描くドキュメント。

町田康著　夫婦茶碗

あまりにも過激な堕落の美学に大反響を呼んだ表題作、元パンクロッカーの大逃避行「人間の屑」。日本文藝最強の堕天使の傑作二編！

江戸家魚八著　魚へん漢字講座

鮪・鰈・鮎・鯒――魚へんの漢字、どのくらい読めますか？　名前の由来は？　調理法は？　お任せください。これ1冊でさかな通。

森本哲郎著　日本語　表と裏

どうも、やっぱり、まあまあ――私たちが使う日本語は、あいまいな表現に満ちている。言葉を通して日本人の物の考え方を追求する。

宮沢賢治著

新編 風の又三郎

谷川に臨む小学校に突然やってきた不思議な転校生――少年たちの感情をいきいきと描く表題作等、小動物や子供が活躍する童話16編。

宮沢賢治著

新編 銀河鉄道の夜

貧しい少年ジョバンニが銀河鉄道で美しく哀しい夜空の旅をする表題作等、童話13編戯曲1編。絢爛で多彩な作品世界を味わえる一冊。

宮沢賢治著

注文の多い料理店

生前唯一の童話集『注文の多い料理店』全編を中心に土の香り豊かな童話19編を収録。イーハトヴの住人たちとまとめて出会える一巻。

天沢退二郎編

新編 宮沢賢治詩集

自己の心眼と森羅万象との絶えざる交流と融合とによって構築された独創的な詩の世界。代表詩集『春と修羅』はじめ、各詩集から厳選。

宮沢賢治著

ポラーノの広場

つめくさのあかりを辿って訪ねた伝説の広場をめぐる顚末を描く表題作、ブルカニロ博士が登場する「銀河鉄道の夜」第三次稿など17編。

星 新一著

ふしぎな夢

『ブランコのむこうで』の次にはこれを読みましょう！ 同じような味わいのショートショート「ふしぎな夢」など初期の11編を収録。

井上《いのうえ》ひさしと141人《にん》の仲間《なかま》たちの作文教室《さくぶんきょうしつ》

新潮文庫　い - 14 - 29

平成十四年一月一日発行
平成二十三年四月十五日十三刷

著者　井《いの》上《うえ》ひさしほか
編者　文《ぶん》学《がく》の蔵《くら》
発行者　佐藤隆信
発行所　株式会社 新潮社

郵便番号　一六二—八七一一
東京都新宿区矢来町七一
電話 編集部(〇三)三二六六—五四四〇
読者係(〇三)三二六六—五一一一
http://www.shinchosha.co.jp

価格はカバーに表示してあります。

乱丁・落丁本は、ご面倒ですが小社読者係宛ご送付ください。送料小社負担にてお取替えいたします。

印刷・錦明印刷株式会社　製本・錦明印刷株式会社

ISBN978-4-10-116829-6 C0195